助力乡村振兴

数字乡村典型应用场景与实践

殷涛 林宁 李华 董海峰 杨燕玲 ◎编著

人民邮电出版社

北京

图书在版编目（CIP）数据

助力乡村振兴：数字乡村典型应用场景与实践 / 殷涛等编著. -- 北京：人民邮电出版社，2023.2
ISBN 978-7-115-60409-5

Ⅰ. ①助… Ⅱ. ①殷… Ⅲ. ①数字技术－应用－农村－社会主义建设－研究－中国 Ⅳ. ①F320.3

中国版本图书馆CIP数据核字(2022)第211960号

内 容 提 要

本书系统讲述了数字乡村的概念，以数字乡村的政策背景、发展情况为基础，结合数字乡村的建设重点，从信息基础设施、乡村数字经济、乡村数字治理及信息惠民服务、乡村网络文化、智慧绿色乡村等多个角度阐述了数字乡村建设。本书立足于数字乡村知识的普及，为广大读者构建一个较为完整的数字乡村知识体系，结合丰富的实例，展现当前我国数字乡村建设的美丽画卷和未来方向。

本书可以作为数字乡村相关概念的科普读物，也可作为各个机构对数字乡村概念及其知识体系的培训参考用书，适合从事数字乡村工程的技术人员和管理人员及对数字乡村和智慧农业感兴趣的读者阅读。

◆ 编　著　殷　涛　林　宁　李　华　董海峰　杨燕玲
　　责任编辑　张　迪
　　责任印制　马振武
◆ 人民邮电出版社出版发行　北京市丰台区成寿寺路11号
　　邮编　100164　电子邮件　315@ptpress.com.cn
　　网址　https://www.ptpress.com.cn
　　北京隆昌伟业印刷有限公司印刷
◆ 开本：700×1000　1/16
　　印张：8.5　　　　　　2023年2月第1版
　　字数：104千字　　　　2023年2月北京第1次印刷

定价：78.00元

读者服务热线：(010)81055493　印装质量热线：(010)81055316
反盗版热线：(010)81055315
广告经营许可证：京东市监广登字20170147号

前　言

农业农村数字化是生物体及环境等农业要素、生产经营管理等农业过程及乡村治理的数字化，是一场深刻的革命。今后一段时期，数字农业发展将迎来难得的机遇。

从国际上看，全球新一轮科技革命、产业变革方兴未艾，物联网、智联网、大数据、人工智能、云计算等新一代信息技术加快应用，深刻改变了生产生活方式，引发经济格局和产业形态的深度变革，形成发展数字经济的普遍共识。大数据成为基础性战略资源，新一代人工智能成为创新引擎。世界主要发达国家将数字农业作为战略重点和优先发展方向，相继出台了"大数据研究和发展计划""农业技术战略"和"农业发展 4.0 框架"等战略，构筑新一轮产业革命新优势。

从国内看，党中央、国务院高度重视，大力推进数字中国建设，实施数字乡村战略。2019 年 5 月，中共中央办公厅、国务院办公厅印发《数字乡村发展战略纲要》，明确提出数字乡村建设的目标和总体要求，通过积极发挥现代技术的优势，致力于提升乡村振兴。自 2020 年 7 月印发《关于开展国家数字乡村试点工作的通知》以来，地方对数字乡村的响应非常积极，不少省（自治区、直辖市）结合国家级试点要求对应开展试点，积极推进数字乡村建设。

数字乡村既是乡村振兴的战略方向，也是建设数字中国的重要内容。

数字乡村的发展在缩小城乡差距、改善乡村治理、促进农业生产经营现代化等方面具有重要的现实意义。当前我国数字乡村建设仍处于情况摸查和路径探索阶段。近年来，在党中央、国务院的积极倡导和支持下，社会各界积极开展数字乡村的研究、规划、设计、落地实施等工作，在农业农村大数据、乡村数字化治理、村民数字化服务等方面取得了长足进步，应用场景不断增多，项目类型领域不断拓宽。

本书在实践的基础上，通过系统性论述，为读者搭建数字乡村的整体概念框架，让读者掌握数字乡村具体应用领域和场景，了解数字乡村带来的新业态、新模式，为数字乡村的建设和发展贡献理论基础和经验借鉴，为业内同行挖掘更加广阔的业务机会。

作者

2022 年 11 月

目 录

第一章 数字乡村概述 ··· 1
　（一）数字乡村的政策背景 ································· 2
　（二）数字乡村的发展基础 ································· 3
　（三）数字乡村建设的内容 ································· 6

第二章 信息基础设施篇 ····································· 9
　（一）网络基础设施 ··· 10
　（二）信息服务基础设施 ··································· 11
　（三）传统基础设施数字化 ································ 16

第三章 乡村数字经济篇 ····································· 25
　（一）智慧农业 ··· 26
　（二）农村电子商务 ··· 35
　（三）乡村新业态 ·· 40
　（四）农业科技创新供给 ··································· 47
　（五）农村数字普惠金融 ··································· 53

第四章 乡村数字治理篇 ····································· 57
　（一）"智慧党建" ·· 58
　（二）"互联网+政务服务" ································· 64
　（三）网上村务管理 ··· 66
　（四）基层综合治理信息化 ································ 70

（五）乡村智慧应急管理……………………………………… 72

第五章　信息惠民服务篇………………………………………… 77
（一）"互联网＋教育"……………………………………… 78
（二）"互联网＋医疗健康"………………………………… 81
（三）智慧养老……………………………………………… 84
（四）乡村数字素养提升…………………………………… 86

第六章　乡村网络文化篇………………………………………… 89
（一）农村网络文化阵地…………………………………… 90
（二）乡村文化资源数字化………………………………… 98
（三）"三农"网络文化创作……………………………… 102
（四）乡村网络文化引导………………………………… 104

第七章　智慧绿色乡村篇………………………………………… 107
（一）农业绿色生产……………………………………… 108
（二）乡村绿色生活……………………………………… 110
（三）农村生态保护……………………………………… 112

附录　数字化新技术…………………………………………… 121

参考文献………………………………………………………… 127

第一章
数字乡村概述

《中华人民共和国国民经济和社会发展第十四个五年规划和 2035 年远景目标纲要》描绘了全面建设社会主义现代化国家的宏伟蓝图，提出到 2035 年基本实现社会主义现代化，到本世纪中叶把我国建成富强民主文明和谐美丽的社会主义现代化强国的目标。

农业农村的现代化是全面建设社会主义现代化国家的重要一环，乡村振兴成为一项关系全局性、历史性的任务，成为新时代"三农"工作的总抓手。在加快构建以国内大循环为主体、国内国际双循环相互促进的新发展格局背景下，以互联网、大数据、人工智能等新一代信息技术为核心的数字经济将是重要的突破口和发展方向，将成为推动国民经济发展的新引擎。

数字乡村是伴随网络化、信息化和数字化的发展，以及当代村民信息技能的提高而出现的农业农村现代化发展和转型的产物。数字乡村既是乡村振兴的战略方向，也是建设数字中国的重要内容。发展数字乡村对缩小城乡差距、改善乡村治理、促进农业生产经营现代化等具有重要的现实意义。

（一）数字乡村的政策背景

进入 21 世纪以来，"三农"问题一直是党中央、国务院关注的重点问题，中央一号文件自 2004 年起连续 18 年聚焦"三农"。2018 年国务院印发《国家乡村振兴战略规划（2018—2022 年）》，乡村振兴正式成为国家战略，成为新时代"三农"工作的总抓手。2018 年中央一号文件首次提出大力发展数字农业，实施数字乡村战略。农业农村部会同中共中央网络安全和信息化委员会办公室印发《数字农业农村发展规划（2019—2025年）》，描绘了数字农业农村发展的新蓝图。

中共中央网络安全和信息化委员会办公室、农业农村部、国家发展和改革委员会、工业和信息化部、科学技术部、国家市场监督管理总局、国务院扶贫开发领导小组办公室（现为国家乡村振兴局）联合印发《关于开展国家数字乡村试点工作的通知》，部署确定117个县（市、区）为首批国家数字乡村试点地区，重点在开展数字乡村整体规划设计、完善新一代信息基础设施、探索乡村数字经济新业态、探索乡村数字治理新模式、完善"三农"信息服务体系、完善设施资源整合共享机制、探索数字乡村可持续发展机制7个方面先行先试。

数字乡村作为农业农村现代化和乡村振兴的战略方向、重要路径和手段已经明确。国家将以首批国家数字乡村建设为试点，探索我国乡村在资源不均衡的情况下，进行各类数字乡村建设的发展模式，为数字乡村的全面推广提供路径参考和经验借鉴。

（二）数字乡村的发展基础

当前，我国数字乡村建设进入全面推进的新时期，信息技术与农业农村发展各个领域快速融合。农业农村信息化的全面推进、智慧城市建设向乡村拓展及各类智慧应用功能的乡村实践，为数字乡村建设打下了良好的基础。

1. 农村信息基础设施建设不断完善

随着信息基础设施建设的持续深入，农村地区宽带用户接入速率和普及水平明显提升。通信网络基础设施得到全面升级，全国行政村通光纤率和4G覆盖率均超过98%，贫困村通宽带比例达到99%，实现了全球领先的农村网络覆盖。全国农村宽带接入情况如图1.1所示。人工智能、5G、大数据等新一代信息技术创新应用，乡村广播电视网络基本实现全覆盖；乡村智慧物流设施更加完善，乡村电网、水利、公路等基础设施数字化升级改造不断加快。

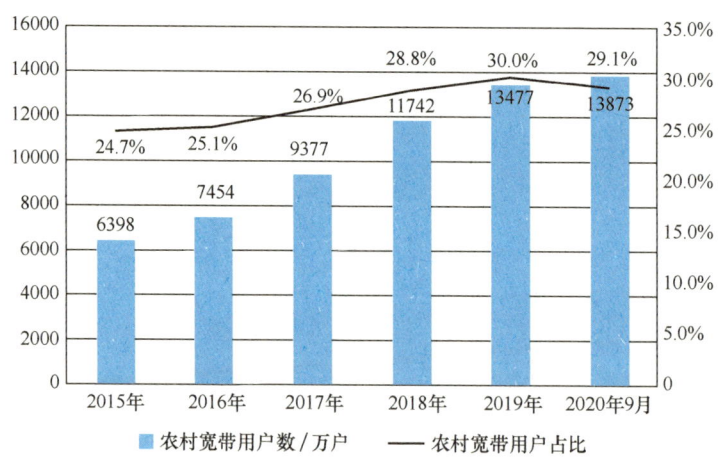

图1.1 全国农村宽带接入情况

2. 农业农村大数据建设初见成效

信息化、大数据是乡村振兴的支撑和助力，农业农村数据汇集管理、综合分析和整合应用等大数据建设初见成效。数据资源采集体系逐步完善，数据资源体系建设稳步推进，数据资源共享、业务协同和数据开放水平进一步提高；数据资源应用范围广阔，形成了以重点农产品单品种全产业链数据采集、分析、发布、服务为主线的全链条数据应用体系，大数据系统的应用领域不断增加。

3. 农业生产数字化水平不断提高

新一代信息技术在农业种植、畜禽养殖、渔业信息、数字化育种、农机装备等方面得到不同程度的运用，农业生产数字化水平不断提高。种植业信息化建设成效明显，数据开放共享服务更加完善；养殖场直连直报系统实现横向互联、部省互动，养殖技术线上指导服务广泛开展；渔业信息系统建设不断加快，产销对接平台逐渐普及；数字化育种平台成功应用，种业大数据管理基础不断夯实；农机装备数字化步伐不断加快，农机作业数字化服务深入推进；农垦基础数据资源建设不断加强，农业经营数字化转型积极推进。

4. 乡村数字经济新业态蓬勃发展

2020年，农业农村部会同相关部门组织实施"互联网+"农产品出村进城工程，在110个县（市、区）开展试点，建立并完善适应农产品网络销售的供应链体系、运营服务体系和支撑保障体系；乡村旅游智慧化水平大幅提升，乡村旅游人才数字技术培训力度加大，形成了"数字文旅""智慧旅游"等新型服务模式；农村创新创业带头人队伍不断壮大，形成了一批具有较强影响力，第一、二、三产业融合发展的返乡入乡创业产业园、示范区（县）。

5. 乡村治理数字化水平大幅提升

"互联网+政务"加快向乡村延伸，农业"放管服"电子审批初见成效，借助数字化平台理顺了"三资"（农村集体资金、农村集体资产、农村集体资源）管理的体制机制；"互联网+基层党建"全面展开，以"智慧党建"引领强村善治；"平安乡村"数字化平台初步建成，基本建成涵盖中央、省、市、县、乡镇、村6级的联网应用体系。

近年来，我国数字乡村的建设发展较快，取得了一定的成绩，但也存在着不少挑战，例如，农业农村信息化产业基础较薄弱、农村数字化水平总体偏低、智慧农业缺乏技术储备、信息技术与农业产业链融合不充分、数字人才较少及数据素养偏低等，这些问题制约着数字乡村的发展进程。

（三）数字乡村建设的内容

数字乡村建设目前仍处于情况摸查和路径探索阶段。数字乡村的发展将以不断增强广大村民的获得感、幸福感、安全感为主要目标，坚持问题导向，围绕村民最关心、最直接、最现实的问题，加快制度、机制、模式和技术创新，着力解决整体设计缺失、资源统筹不足、基础设施薄弱等问题，打通信息壁垒，推进集约共享，释放数字红利。

数字乡村建设主要在以下7个方面开展。

1. 数字乡村整体规划设计

结合各地实际，因地制宜编制县域数字乡村建设规划和整体设计，明确建设目标、重点任务、实施步骤、配套政策措施，统筹推进数字乡村建设，发挥信息技术创新的扩散效应、信息知识的溢出效应、数字技术的普惠效应。

2. 新一代信息基础设施建设

加快乡村光纤宽带、移动互联网、数字电视网和下一代互联网的发展，提升 5G 网络覆盖水平，探索人工智能、物联网等新型基础设施建设和应用。加快推动农村水利、公路、电力、冷链物流、农业生产加工等传统基础设施的数字化、智能化转型，推进智慧水利、智慧交通、智能电网、智慧农业、智慧物流建设。

3. 乡村数字经济新业态

推进现代信息技术与农业农村各领域、各环节深度融合应用，推动农业生产智能化、经营网络化。推动信息化与农业装备、农机作业服务和农机管理融合应用。推进农业生产环境自动监测、生产过程智能管理，探索农业农村大数据管理应用。大力培育一批信息化程度高、示范带动作用强的生产经营组织，培育形成一批"叫得响、质量优、特色显"的农村电商品牌。

4. 乡村数字治理新模式

促进信息化与乡村治理深度融合，提升乡村治理的智能化、精细化、专业化水平。提升疫情监测分析预警水平，提高突发公共事件应急处置能力。探索"互联网＋党建""智慧党建"等新模式，探索建设"网上党支部""网上村（居）民委员会"。推动"互联网＋政务服务"向乡村延伸覆盖，推进涉农服务事项在线办理，促进"网上办、指尖办、马上办"。

5. "三农"信息服务体系

积极采用适应"三农"特点的信息终端、技术产品、移动互联网应用软件，提升精细化管理和人性化服务水平。推进"互联网＋医疗健康"，推动远程医疗延伸到乡镇卫生院、村卫生室。依托信息化推动基本公共服务向农村下沉，协同推进教育、生态环保、文化服务、交通运输、快递物流等领域的信息化。

6. 设施资源整合共享

推进县级部门业务资源、空间地理信息、遥感影像数据等涉农政务信息资源共享开放、有效整合。充分运用农业农村、科技、商务、交通运输、通信、邮政等部门在乡村已有的站点资源，整合利用系统、人员、资金、站址、服务等要素，统筹建设乡村信息服务站点，推广一站多用、一机多用。

7. 数字化人才队伍

为村民提供在线及各种类型的培训服务，培养造就一支爱农业、懂技术、善经营的高素质农民队伍、乡村创业创新带头人、乡村电商人才、乡村工匠等本地人才。通过包含计算机素养、信息通信技术素养、信息素养和媒介素养等的数字素养培训，提升村民数字化技能水平。

第二章
信息基础设施篇

02

农村信息基础设施的建设内容包括网络基础设施、信息服务基础设施，以及传统基础设施数字化等。农村信息基础设施是农业信息化的基本保障。目前，农村信息基础设施逐步完善，农业信息资源开发力度不断加大，信息技术开始在农村广泛应用，有力地促进了农村的经济、社会发展和村民增收。

（一）网络基础设施

农村网络基础设施包括电信网络和广播电视网络等。网络基础设施应延伸到行政村，为村民提供网络接入能力，为乡村智能感知系统部署提供网络连接基础。

目前，国内农村的电信网络主要由中国移动、中国电信和中国联通建设和运营，广播电视网络主要由广电企业建设和运营。为了提升农村通信网络质量，工业和信息化部、财政部累计部署了7批电信普遍服务建设任务，中央财政累计拨付补助资金超过220亿元，支持全国13万个行政村光纤网络建设、6万个农村4G基站建设。2021年中央一号文件提出全面推进乡村振兴实施数字乡村建设发展工程，全国31个省（自治区、直辖市）均推出了乡村5G基础设施的规划。随着5G通信技术的发展和商用，国内许多行政村开始试点5G网络。

《中国互联网络发展状况统计报告》指出，我国城乡上网差距继续缩小，我国现有行政村已全面实现"村村通宽带"，贫困地区通信难等问题得到历史性解决，截至2021年12月，农村地区互联网普及率为57.6%。

2022年5月，中共中央办公厅、国务院办公厅印发的《乡村建设行动实施方案》提出，要实施数字乡村建设发展工程。推进数字技术与农村生产生活深度融合，持续开展数字乡村试点。加强农村信息基础设施建设，深化农村光纤网络、移动通信网络、数字电视和下一代互联网覆盖，进一步提升农村通信网络质量和覆盖水平。

（二）信息服务基础设施

信息服务基础设施是指利用信息技术为村民提供政务、生产、生活等领域信息服务的站点和设施，包括村级政务服务代办站（点）、农村电商服务站、益农信息社、村级供销合作社。我国2016—2021年农村网民规模变化情况如图2.1所示。

图2.1　我国2016—2021年农村网民规模变化情况

1. 村级政务服务代办站（点）

村级政务服务代办站（点）为村民提供涉农政策宣传、推送、查询，村级党务信息采集、维护，政策补贴查询和领取，政务服务事项互联网代办等多种政务信息服务。村级政务服务代办站（点）利用现代信息技术构造"一站式"服务点，提供一对一服务，进行多部门、多功能和多资源的整合，建立跨部门、跨边界协作供给网络，精准定位村民最关注的业务，实现足不出户、事不出村，零距离解决问题。

村级政务服务代办站（点）规范化建设是服务型政府建设的重要内容，是推进政府职能转变的重要举措。目前，多地政府构建了区、镇、村三级全过程代办的联动服务机制。

村级政务服务代办站（点）的工作职责是承接村民申报的需乡镇级以上人民政府或部门办理的各类相关事项，并积极主动地告知申办人申请所需的材料、程序及其权利与义务，为申办人提供咨询服务工作；对属代办范围且材料齐全的代理事项，及时受理登记；及时向乡镇便民服务中心报送村民的申办事项及相关资料；负责将办理结果及时回复给申办人；接受乡镇便民服务中心的管理和指导；做好受理事项的登记、归档工作。

村级政务服务代办站（点）秉承"让数据多跑路，让村民少跑路，不跑回头路"的原则，依靠科技手段，力争为村民提供更方便快捷的公共服务，提升基层政务服务的可及性，促进城乡基本公共服务均等化。

2. 农村电商服务站

农村电商服务站是推动农村电子商务发展的基本力量。其服务范围包括农村电商公共服务体系和农村电商培训等。电子商务作为我国数字经济的重要源头，是乡村振兴和数字乡村建设中发展乡村数字经济的有力抓手。2022年中央一号文件对农村电商领域提出了新举措：实施"数商兴农"工程，推进电子商务进乡村；加快农村物流快递网点布局，实施"快递进村"工程，鼓励发展"多站合一"的乡镇客货邮综合服务站、"一点多能"的村级寄递物流综合服务点。

（1）农村电商公共服务体系

以省级电子商务公共平台为依托，以县级农村电子商务公共服务中心和村级电子商务服务站为实体机构，打造"省—县—村"三级电商服务平台，为农村电子商务从业者提供线上线下多元化的支持服务。综合利用邮政、供销及便民服务点等场所，建设电子商务服务站点或升级改造已有的电子商务服务站点，提供农村电子商务普及培训、操作技术支持、产品对接等服务。农村已经建立了淘宝、京东、拼多多等电商服务站，同时配备了物流服务点，满足村民的网购需求。

（2）农村电商培训体系

组织学校、企业、社会团体等，面向本地电子商务从业者、创业大学生、农村基层干部等集中开展农村电商、直播带货、电商营销等专题培训，提高农业经营主体的电商从业能力，并提供产品策划、美工、推广等多层次、多领域的服务，促进农副产品直播带货规范健康发展。省级层面依托全国电子商务公共服务网，共享农村电商网络培训资源、农村电商资讯，提供农村电商基础运营、电商新业态发展等免费培训课程。建立完善的电子商务相关技能等级认定和专项职业能力考核培训的补贴机制。县级层面依托农村电商网络培训公共服务平台，采取服务中心集中式培训、重点村和村级分散式培训与线上培训相结合的方式，不定期组织开展农村电商知识教育、推广应用、电商创业、就业技能培训等农村电商专业人才培训。

3. 益农信息社

益农信息社是政府推进致力于解决农村"最后一公里"问题的工程，

以12316村级信息服务站为代表，是农业农村部信息进村入户工程，统筹城乡均衡发展、缩小"数字鸿沟"，将农业信息资源服务延伸到农村。

益农信息社通过开展农业公益服务、便民服务、电子商务、培训体验服务等，提高农民的现代信息技术应用水平，为农民解决农业生产上的产前、产中、产后问题和日常健康生活问题等，实现普通农户不出村、新型农业经营主体不出户就可以享受到便捷、经济、高效的生产生活信息服务。

益农信息社的主要功能如下。

一是电子商务。开展农产品、农资及生活用品等电子商务，提供农村物流代办等服务。二是便民服务。开展水电气、通信、金融、保险、票务、医疗挂号、惠农补贴查询、法律咨询等服务。三是农业公益服务。利用12316服务热线、短信/彩信等渠道精准推送农业生产经营、技术推广、政策法规、村务公开、就业等公益服务信息及现场咨询；协助开展农技推广、动植物疫病防治、农产品质量安全监管、土地流转、农业综合执法等业务。四是培训体验服务。开展农业新技术、新品种、新产品培训，提供信息技术和产品体验。五是开展农村、农业的生产、生活信息服务，让普通农户和新型农业经营主体享受到便捷、经济、高效的生产生活信息服务，建立农业农村信息化可持续发展服务机制。

作为对应的移动终端应用，益农信息社App这一专业的农村电商商贸管理软件，为广大村民打造了优质的电商销售平台，不仅将当地农村特产销往全国各地，同时也提供与农业相关的综合服务，汇聚众多专家提供专业的知识咨询，在线购买方便快捷，品种多样，还有超多便民服务。通过统筹"农业公益服务、农村社会化服务"两类资源，益农信息社可以提供农业公益服务、便民服务、电子商务服务、培训体验服务、农业生产服务、农村生活服务。

4. 村级供销合作社

农村供销合作社简称"供销社"。供销社是在农业合作化过程中,我国农民自愿筹集股金并由国家扶助起来的社会主义合作经济组织,是农村社会主义商业的主要形式。它在活跃城乡经济、促进商品流通、扶持农业生产合作社、方便农民群众生活等方面起着重要作用。供销社的主要任务是:根据国家的政策法令,承担国家计划产品的购销任务,供应农业的生产和生活资料,提供市场信息,组织农民发展多种经营,领导和管理农村市场。

供销社的作用主要体现在两个方面:一方面,将本地农产品的销路打开,用既有渠道卖出去,不积压农产品;另一方面,为农民提供农业生产所需的原料、工具等。对于农民来说,造成创收损失的原因往往是农产品的销路不佳,因此打开销路更为重要。需要加快转变农村供销社的营销模式,充分发挥供销社"双线运行"的组织优势。

随着互联网、物流行业的发展,各地供销合作总社积极引入电子商务、大数据等现代信息技术,推进连锁超市、村级便利店、综合供销服务社等农村实体网点的信息化改造,拓展经营服务功能,提供代购代销、代收代发、物流配送、电子支付等电商服务,推动传统物流业加快转型升级,形成线上带动线下、线下促进线上的融合发展格局。各地供销社充分利用基层经营服务网点,加强与涉农部门及有关单位的协同配合,整合各方资源,打造县级运营中心、乡镇服务平台、村级服务站点的三级惠农服务网络。全国供销系统共发展各类综合服务社超过40万个,并通过承接益农信息社、气象信息服务站等服务,基本实现了一网多能、一网多用,形成了为农服务的整体合力。

（三）传统基础设施数字化

传统基础设施主要包括水利、气象、电力、交通、物流等。利用互联网、大数据、人工智能等新一代信息技术，这些传统基础设施可以实现数字化、智能化改造升级，为农业生产经营和村民生活提供更加便利的条件。

1. 智慧水利

所谓智慧水利，是指利用互联网、云计算、地理信息系统等先进技术，提高水利部门的管理效率和社会服务水平，推动水利信息化建设，逐步实现信息技术标准化、信息采集自动化、信息传输网络化、信息管理集成化、业务处理智能化、政务办公电子化。智慧水利利用先进的信息技术，实现水利设施的智能化管理和运行，为大众创造更美好的生活。

乡村智慧水利的重要环节是提高农村供水保障水平。目前，我国很多山区居民供水仍然采用天然水源，个体户或者几户合作挖掘水井，或者从深山水源处铺管道引水，在家中各自储水。这种取水模式会受到自然气候的巨大影响，缺乏过滤系统。夏天下暴雨时水会变浑浊，夹杂大量泥沙，需要人工自行处理；冬天少雨时节，很容易造成水源干涸，供水不足；遇到村民用水量加大的情况，又会出现用水不足，甚至导致互相抢水。这使村民的用水存在极大的不便。

提高农村供水保障水平，全面完成农村饮水安全巩固提升工程任务，需要统筹布局农村饮水基础设施建设，在人口相对集中的地区推进规模化供水工程建设。有条件的地区还可以将城市管网向农村延伸,推进城乡供水一体化。

智慧水利农村供水解决方案是指对农村供水实施从"水源"到"水龙头"供水全过程的监控和管理,水利监管部门可以通过监控中心软件掌握农村饮水安全工程运行状况、供水保证率和水质达标率。该方案是强化工程运行管理、促进设施高效配置和使用、提升农村饮水安全监管水平的重要途径。智慧水利供水解决方案如图 2.2 所示。

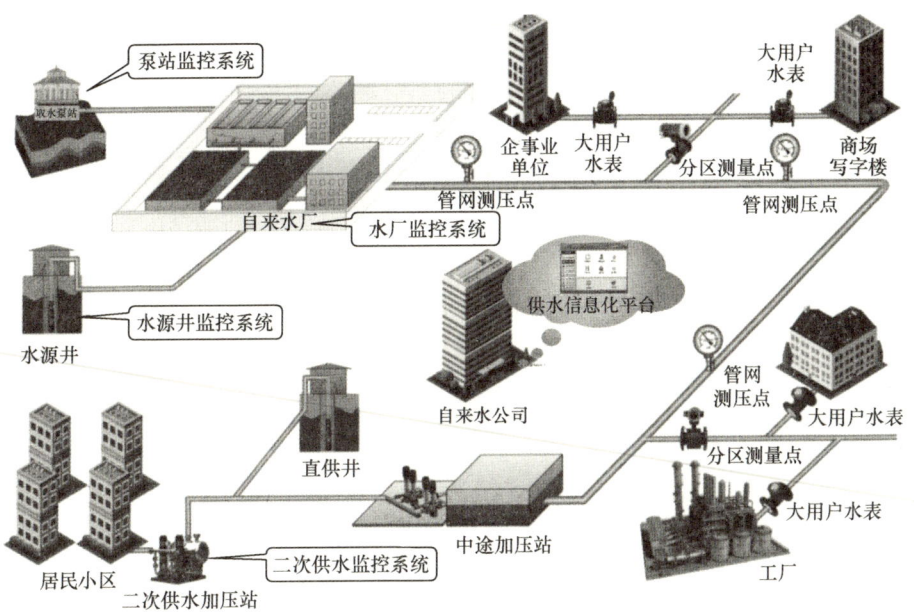

图 2.2 智慧水利供水解决方案

具体来说,智慧水利供水方案需要有远程监控供水、自动控制泵阀运行、全程水质监测及异常自动报警等功能。农村供水信息化建设将实现对供水各环节(从取水、制水、输水到用水的全过程)的监控与管理,实现水利信息综合调度、数据共享交互,农村供水业务管理更加专业化、精细化和标准化,方便村民用水。

2. 智慧气象

气象变化会直接影响农作物的生长，如何有效预防自然灾害气候对农作物产生的不良影响，是当下农业发展的重要研究课题，对于农业生产的发展具有重大意义。虽然自然灾害气候无法改变，但是我们可以采取科学措施来降低灾害天气对农业生产的影响。在此背景下，利用大数据、云计算及物联网等新技术的智慧气象随即产生，用于提升气象服务质量。

智慧气象是指利用大数据、云计算、物联网等新技术，依托气象科学系统，让气象各个方面的管理活动数字化、智慧化。智慧气象一般包含以下4个方面的内容。

① 智能感知系统。利用传感器等设备在各个层面收集气象信息，对气象系统实施智能化监测。

② 气象智慧预测。尽管天气变幻莫测，但是我们现在已经可以利用气象系统随时收集气象信息，并根据这些信息预测天气情况，大幅提升气象预测精确度。

③ 定制气象服务。除了提供人民生活需要的普惠气象服务，智慧气象还可以针对不同行业需求，提供可定制的高端气象服务，可以让人们更为合理地安排行业生产计划。

④ 气象智慧业务的管理工作。科学的管理是保证智慧气象各个环节有效开展的前提。

随着全球气候变暖，极端天气出现的频率越来越高，农业生产结构不断进步，农业生产对气象的敏感性越来越强，智慧气象将为农业生产提供更高质量的服务，做出有针对性的指导。

（1）智慧气象与农业大数据整合

虽然大部分地区有一套气象信息处理平台，能够对气象信息进行预测，但是气候的多变性导致预测的准确性并不高。大数据整合、集约化处理数据等技术方法可以对气象信息做出更准确的预测，从而做好预防措施，降低灾害气象对农业生产的影响。

（2）智慧气象提供专项服务

天气预报是智慧气象提供的基础服务，但是仅将未来的天气变化通过多媒体播报给人们是完全不够的。需要针对畜牧业、设施农业、养殖业、乡村旅游业及休闲农业等产业提供特色服务，分析这些产业对气象的需求，列出潜在的自然灾害，推出相应的灾害风险评估、预防措施和灾害紧急处理方法。这种"预报 + 评估 + 预防 + 处理"的模式可以进一步优化惠农服务。

（3）搭建智慧气象信息共享平台

目前，乡村产业多元化，对气象有不同的需求，要大力推进搭建为农服务的社会化智慧气象平台。完善气象信息数据库管理，对数据整合处理后，与农业、水利等部门开展合作，构建信息共享平台，实现气象资源共享，再反哺相关行业。

智慧气象在农业生产中有以下3个方面的应用。

① 智慧气象可以提供有针对性的气象服务。气象部门密切关注与农业生产相关的气候变化，利用先进的通信网络技术及时发布与农业生产相关的气象信息，为广大农民群众做好防灾减灾工作提供有针对性的气象决策服务。

② 智慧气象为预防病虫害提供气象条件。为确保农作物的高产量，气

象部门应高度重视农作物病虫害发生与气候等级条件的测报工作，密切关注并及时预测气象发生情况与病虫害流行的规律，通过定期与不定期制作发布专题服务产品，指导农民做好病虫害的防控工作，降低病虫害造成的经济损失。

③ 智慧气象为农作物生产提供物候期预报。智慧气象用于农业生产，对帮助广大农民朋友做好农作物栽种、收获、采摘，确保农作物的高产量和高品质有着极为重要的现实意义。气象部门要密切关注农作物对气候的实际反应，提升物候期预测的准确率，为农事管理及病虫害防控提供参考。

3. 智慧电力

自2009年国家电网首次提出建设"坚强智能电网"以来，我国智能电网发展已经走在世界前列，发布了世界上最全面且综合的智能电网路线图，建成了世界范围内规模最大、覆盖领域最全、推进速度最快的智能电网工程。

为了提升乡村居民用电水平，保证乡村制造业、渔业、养殖业等产业的用电需求，国家能源局在"十三五"期间已经开始引导地方及电网企业对农村电网进行升级改造，旨在提高农村地区的用电容量和用电可靠性。国家电网目前已经完成新一轮农网改造升级目标任务，"村村通动力电""机井通电""中心村电网改造升级"三大专项工程和"三区三州""抵边村寨"两大攻坚行动，两批边防部队通大网电、"煤改电"、冬奥配套等重大工程按期投产，农村电网实现跨越式发展，农村用电水平大幅提高。全国31个省（自治区、直辖市）的农村电网供电可靠率均超过99.8%，综合电压合格率超过97.9%，农村每户平均配变容量超过2000VA，极大地提升了农村居民的用电质量。

根据农网数字化转型的要求,应不断开发智能电网运营监控平台、中低压大数据分析系统等,实现农网状态即时感知、信息互通透明,全面支撑规划、建设、生产、营销等各个环节,利用数字化手段减轻基层负担,提升劳动生产率和企业经营效益。

随着互联网的发展,互联网+电网的合作模式在农村地区蓬勃发展。村民可通过网站、App 等渠道完成在线查询、缴费等功能,逐步摆脱人工网点充值的模式。一方面,可以减轻农村网点人员的压力,避免因人工操作带来的失误;另一方面,村民也可以通过手机等终端设备,根据自己的需求随时随地选择电网服务,例如,子女可以通过互联网渠道解决老人的用电问题。

4. 智慧交通

智慧交通运用互联网、云计算、人工智能、物联网、自动控制、5G 等新一代信息技术,为交通运输领域提供服务。推进智慧交通的建设是我国数字乡村战略中的重要一环。

建设数字乡村智慧交通,是借助现代化信息手段,不断完善和提升农村地区的交通管理、监控、服务水平,构建一体化智能交通综合管理平台与交通信息网络系统,同时在全国范围内推动城乡交通信息基础设施与网络建设、城乡一体化智慧交通体系建设,保障全域交通运输安全,实现乡村服务智慧化,助力乡村振兴。

随着乡村旅游业、电子商务的繁荣发展及人民生活水平的不断提高,建设乡村地区智慧交通系统势在必行。智慧交通的建设包括交通管理系统、交通信息系统、公交信息系统、商业管理系统、泊车系统等，其中可靠的信息通信网络是其核心。

借助信息科技手段建设智慧停车系统，采用"智慧停车"模式，充分利用村内的闲置土地资源，自建自营停车场，设置智慧停车泊车信息指引与扫码支付功能，同时确保农村地区地图导航全覆盖，提高农村数字化建设水平，进一步完善农村停车场配套功能，为村民出行提供便利。

农村地区还可以通过数字化、智能化完善公共交通服务，例如，放置公共自行车，并设置租借点、停放点、还车点；运营旅游观光小车供乘客搭乘游玩；提供便捷的公共交通工具及线上实时查询、购票功能，尽可能满足村民生活与数字乡村发展的需要。

5. 智慧物流

智慧物流以信息技术为基础，通过大数据实现对运输货物流量及动向的管理、控制、监测、预警，在运输、仓储、配送全环节进行系统感知、跟踪、信息分析、处理和调整，利用机器人、人工智能技术实现全过程的标准化、无人化，构建完善的创新、智慧物流生态链。

当前我国农村物流中存在几个主要问题。一是物流规模小、服务较差。近年来，大量农村人口涌入城市，尤其以青壮年劳动力进城务工最为突出，农村地区人口日渐稀少，电商、物流难以形成规模，第三方服务机构较少，导致农村地区物流体系结构不完善、专业技术不到位、商品折损率高、配送成本高。二是基础设施落后、网络不完善。一方面，农村交通条件不如城市，导致运输时间长、成本高、效率低；另一方面，农村信息服务水平不完善、网络不健全，部分村民对网络信息的接受程度与了解程度不高，导致信息的传递和共享不及时、不完整，线上线下供需交流存在一定的障碍。因此，农村物流发展需要解决交通条件差、配送成本高、专业人才匮乏、信息基础设施落后、网络不发达、消息滞后、物流节点稀少、工作效率低等问题。

目前，我国正在大力实施"互联网+"农产品出村进城工程，加强农产品加工、包装、冷链、仓储等设施建设，打通"最后一公里"，实现"农产品进城、工业品下乡"。深化乡村邮政和快递网点普及，加快建成智慧物流配送中心。深化电子商务进农村综合示范，培育农村电商产品品牌。建设绿色供应链，推广绿色物流。推动人工智能、大数据赋能农村实体店，促进线上线下渠道融合发展。

第三章
乡村数字经济篇

03

乡村数字经济是以农村现代信息网络为载体，以物联网、大数据、人工智能等新一代信息技术为驱动力，将数字技术、人力、信息、知识、管理等作为生产要素，投入乡村第一、二、三产业中，提高乡村产业数字化水平，加快农业科技创新，催生乡村数字化新业态，实现农业农村经济高质量发展。

乡村数字经济包括智慧农业、农村电子商务、乡村新业态、农业科技创新供给、农村数字普惠金融等内容。2021年12月12日，国务院印发《"十四五"数字经济发展规划》，提出加快城市智能设施向乡村延伸覆盖，完善农村地区信息化服务供给，推进城乡要素双向自由流动，合理配置公共资源，形成以城带乡、共建共享的数字城乡融合发展格局。随着新一代数字技术的蓬勃发展，以新兴技术推动现代化新农村建设正成为助力乡村振兴的重要手段。

（一）智慧农业

智慧农业包括农村生产数字化（种业数字化、种植业数字化、林草数字化、畜牧业数字化、渔业渔政数字化）、农产品加工智能化、特色产业数字化监测、农产品市场数字化监测和农产品质量安全追溯管理等内容，通过在农业生产现场部署各种感知设备与网络设备，实现农业生产环境的智能感知、智能预警、智能决策、智能分析、专家在线指导，为农业发展提供精准化生产、可视化管理、智能化决策等支撑。

1. 农业生产数字化

（1）种业数字化

种业数字化是指通过大数据、人工智能、物联网、智能装备等在种业全产业链的应用，实现育种科研、制种繁种、生产加工、营销服务和监督管理服务的多场景信息化，品种创新数字化，生产经营智能化和产业体系生态化。

种业数字化的功能主要体现在以下 4 个方面。一是实现田间性状数据移动采集、实时传输、自动汇总，提高采集的规范性和准确性。二是做到各个育种环节的业务数据高效无缝对接。三是制定统一的作物育种性状数据采集标准，为育种大数据资源建设提供基础保障。四是育种全程信息化管控，有利于全面掌握研发能力、研发规模和研发进度，做到精准施策，大幅提升管理效率。

以黑龙江北大荒农垦集团有限公司打造的垦丰种业金种子育种平台为例，该平台实现了对育种材料、亲本组配、品种选育、品种测试、系谱追溯、田间性状采集、多年多点数据分析等常规育种全流程的管理。性状采集信息化、田间操作标准化、数据分析自动化，使北大荒垦丰种业股份有限公司在育种流程上实现了科学管理、专业分工、流水化作业，助力该公司的育种工作由传统育种向商业育种转变，由经验育种向精确育种转变。至今，该平台已经完成了 2 年 4 个育种季的育种操作，并受到了育种者和管理者的一致好评。

（2）种植业数字化

种植业数字化是数字技术在农作物种植各个环节的应用，通过获取、记录农业生产经营各个环节的数据，计算分析得出应对方案，为种植业各个环节的流程提供智能决策，以提高生产效率。

种植业数字化功能主要体现在以下 3 个方面。

一是在线监测农作物生长信息，并根据农作物生长需要自动调控设施环境，开展灌溉、施肥、防病、除虫、除草等自动化生产管理，降低生产成本。

二是配备标准化、智能化的病虫害监测设备，重点布置自动识别虫情测报灯、自动计数害虫性诱捕器、流行性病害自动监测预报器等，实现病虫监测数据的自动化采集。

三是获得农作物生长过程中的墒情、气象信息、生长情况等实时监测数据，并基于算法分析，得到农作物的全周期生长曲线，及时获得预警信息和生产管理指导建议。

安徽省长丰县是全国著名的优质草莓生产基地，种植草莓已有近40年的历史。为了提高草莓的种植效益，长丰县利用物联网、大数据、区块链、人工智能等技术，建设"数字草莓"大数据中心、草莓园区智能管理、草莓品质品牌数字管理等数字化系统，构建长丰草莓"产业布局、病虫害识别、肥水管控、农产品质量安全追溯、销售网络"一张大图，实现草莓生产温、光、气、土、肥、药可视化和联动控制，打造草莓种植数字化模式。

安徽省长丰县通过数字赋能、科技加持，推进草莓产业数字化转型升级，草莓种植实现降本增效；通过病虫害智能识别系统和水肥药智能管控系统，实现精准化施肥、施药，草莓生产节肥30%、节药45%；通过数字化实现草莓平均产量提高15%，每亩节省农资、人力等费用800元，亩均增产增收3600元，经济效益增长15.2%。

截至2020年，安徽省长丰县草莓种植面积达21万亩，年产量36万吨，总产值61亿元，品牌价值达73.66亿元，从业人员18万人，受益农民36万人，全县农民收入近一半来自草莓经济，草莓种植成为全县乡村振兴的支柱产业。

（3）林草数字化

林草数字化是利用遥感、地理信息系统和全球定位系统等数字技术，经过大数据分析，对森林草原火灾、有害生物等进行预测，提升灾害防控监管和灾害应急快速反应能力。

林草数字化功能主要体现在以下3个方面。

一是打造以森林资源"一张图"、草原资源"一张图"为基础的经营、管理、监测一体化的监管体系，实现林草生态全面感知、风险预警可控、林地动态监管、物种实时保护。

二是通过对林场相关数据的采集和分析，实现防火、防病虫害、防盗猎、生态效益实时监测及古树名木管理等功能，提高林场对森林资源的管护能力，实现林场的可持续经营。

三是对林草业基地进行数字化改造，通过木材加工、营销等环节的数字化，提升林草业的生产经营水平。

近年来，重庆市黔江区林业局开展"大数据+"，开启森林防火智慧建设，采取智慧林业、落实森林防火责任、建设队伍储备物资、建立完善森林防火制度等综合措施，对全区森林资源进行全方位监控。

重庆市黔江区林业局率先在武陵山自然保护区、仰头山森林公园启用森林火灾预警远距离视频监控系统。该系统能实时地将8.5平方千米范围内的监控信息反馈到管护站和林业局，实现对监控范围内的林区360度无缝隙覆盖，护林员及管理者足不出户就能对林区的火险火情进行实时监控。

重庆市黔江区区启动"天保工程护林管理平台"。该平台通过巡护App，提供定位导航、巡护任务、指挥调度和响应应急处置功能。护林员能实时地将现场情况发送到管理平台，管理者能随时随地监测护林员的巡山护林轨迹，下达巡护任务及指令。通过使用森林火灾预警远距离视频监控系统和"天保工程护林管理平台"，重庆市黔江区发生重大森林火灾的次数不断减少。

(4) 畜牧业数字化

畜牧业数字化是综合运用现代信息技术和智能装备技术，将畜牧养殖管理和技术数字化，利用互联网平台，实现畜牧养殖数字化、智能化管理，推动畜牧养殖由传统的粗放型向知识型、技术型转变。

畜牧业数字化功能主要体现在以下3个方面。

一是对规模化养殖场进行疾病监测和疫病传播跟踪，提高动物疫病防控能力与处置效率。建立动物电子免疫档案，实现动物疫病强制免疫信息化管理。

二是对畜牧养殖过程进行全程监控，实现要素合理调配、养殖条件优化，提高监管能力，提升产品品质。

三是记录全环节畜牧养殖流转信息，形成环环相扣的信息链条，有效防范不法分子违规开具检疫证明、违规调运等行为。

重庆市荣昌区拥有全国首个农牧特色国家高新区，是国家现代农业示范区、国家现代畜牧业示范区核心区。

近年来，重庆市荣昌区着力构建以生猪大数据为关键要素的农牧数字经济，打造"荣易管""荣易养""荣易买""荣易卖"等创新平台，通过区块链技术实现关联免疫、检疫、贩运、屠宰、保险等环节的动态数据管理，让消费者买得放心、吃得安心。其中，"荣易管"平台通过示范区远程监控、精准饲喂、环境控制等设备，实时监控分析生猪的活动行径和健康状态，提高养殖效率，减少死亡风险。

（5）渔业渔政数字化

渔业渔政数字化综合应用现代信息技术，深入开发和利用渔业信息资源，促进渔业生产过程与监督管理的智能化和信息化，提升渔业生产和渔业管理决策的能力与水平，是加快渔业转型升级的重要手段和有效途径。

渔业渔政数字化的主要功能体现在以下两个方面。

一是养殖户通过信息终端随时了解养殖环境的实时数据、水产品的生长情况、养殖车间的现场状况及设备装置的运行状态，实现对水体管理、环境调控、饵料投喂、放养密度、病害防控等养殖生产环节的精准把控。

二是对渔业生产过程中产生的大量数据进行处理和分析，提供船位数据分析服务、国内渔业捕捞服务、远洋渔业服务、渔港服务、养殖管理和服务、水产品供应服务，为渔业生产提供辅助决策，提高渔业综合生产力。

山东省烟台市积极探索打造现代化海洋牧场示范区，推动产业向智慧化方向发展。山东省烟台市腾退、拆除近岸筏式养殖区约11.8平方千米，投入财政资金近1亿元，推进养殖环保浮球、海水池塘和工厂化养殖升级改造等工作；搭建海洋综合管理大数据平台，用信息化手段打造"智慧牧场"；实施6个海洋牧场观测网项目，完善海洋生态环境在线监测、海洋牧场观测和海洋经济运行监测网络，将5G技术与海洋牧场装备深度融合，实现养殖数据实时传输，基本实现海洋牧场水下作业可视、可测、可控、可预警。截至2020年，示范区增殖放流恋礁型鱼苗3000余万尾，重点海洋牧场区域的渔业资源得到明显改善，全区近岸海域水质优良比例达到100%。

2. 农产品加工智能化

农产品加工智能化利用物联网技术和设备监控技术，配备作业机器人、智能化电子识别和数字监测设备，建设农产品加工智能车间；建立果蔬产品包装智能分级分拣装置，实现果蔬产品的包装智能分级分拣；利用智能管理软件系统，实时准确地采集生产线数据，合理编排生产计划，实时掌控作业进度、质量与安全风险。

农产品加工智能化的主要功能体现在以下 3 个方面。

一是加大产后烘干、储藏、保鲜等能力建设，有效减少农产品产后损失，提高防灾抗灾的能力，减损提质，保障农产品有效供给。

二是提高农产品精深加工效率，减少后续加工难度及成本，增值富农，提升农产品价值产业链。

三是以生产机械化来解决劳动力日益短缺的问题，省工节本，保障优势特色产业可持续发展。

以青莲食品公司的青莲牧场为例，其对生猪屠宰、运输及储藏流程进行了数字化改造升级，建立了由屠宰前运猪车、标准化屠宰线、激光打码"检疫章"组成的标准化屠宰流程，生猪屠宰作业规范化进行，保证猪肉品质和安全；自主成立了"致远物流公司"，该公司基于大数据分析对配送路线进行规划，实现精细化配送，同时配备专业车队、标准化预冷间、智能温控系统等；在原有冷库的基础上进行智能化改造，搭建智能仓储管理系统，运用 AI、射频识别（Radio Frequency Indentification，RFID）技术等，实现出入库、盘点、拣货、运输等作业的自动化运行，极大地提高了产品质量与物流周转效率。青莲牧场生产流程如图 3.1 所示。

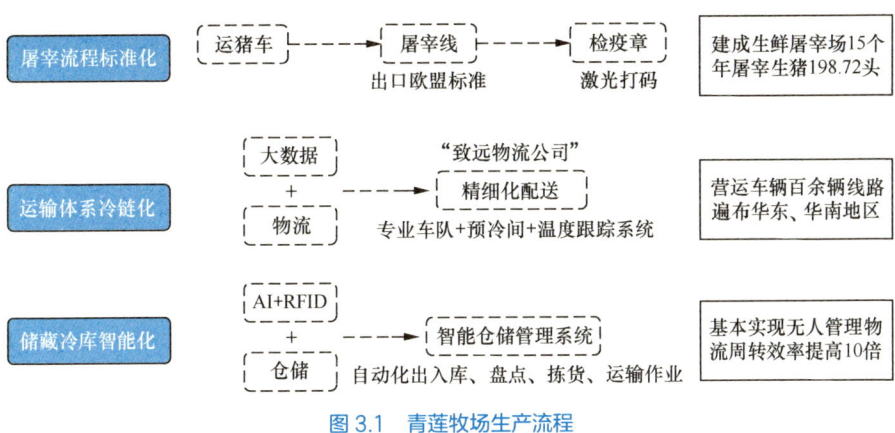

图 3.1 青莲牧场生产流程

3. 特色产业数字化监测

特色产业数字化监测利用物联网、大数据、区块链等现代信息技术，围绕乡村特色产业全产业链，采集生产基地、加工流通、品牌打造等方面的基础数据，实现特色产业监测指标与基础数据的直接对接。通过研究建立特色产业全产业链指标体系，建立乡村特色产业可信指数，实现乡村特色产业指标评价和指数化表达。

特色产业数字化监测的功能主要体现在以下两个方面。

一是通过数据汇聚及可视化分析，实现特色产业画像及全国乡村特色产业"一张图"呈现，为乡村特色产业发展提供数据支撑与决策支持服务。

二是及时发布特色产业运行情况，宣传特色产业建设成果。

广西壮族自治区横州市作为世界茉莉花都、中国茉莉之乡，通过建设"数字茉莉"大棚，以物联网技术实现源头把控，升级供给侧安全体系；开展横州市现代农业产业园茉莉花生产数字化试点建设，建设1.3万平方米的"数字茉莉"大棚，在种植环节利用物联网和大数据技术进行智能光照、温湿控制、自动灌溉、自动施肥，通过智慧种植提高单产，降低成本，保证质量安全。

4. 农产品市场数字化监测

农产品市场数字化监测利用自动定位匹配采集、信息智能识别与数据规则验证等信息技术，通过信息采集设备和信息采集系统，依据信息采集标准规范，对农产品交易地点、价格、交易量等多维度信息进行实时采集，并进行大数据分析，实现对农产品价格及变化趋势的监测预警。

农产品市场数字化监测的主要功能体现在利用 App、微信公众号及时发布热点品种的市场供需和价格信息，为市场监管主体、农业生产经营主体和消费者提供决策依据。

重庆市荣昌区通过打造国家级生猪大数据中心和国家级生猪交易市场平台"荣易卖"，围绕生猪活体、白条、肉制品交易三大核心业务，创新开展自营、撮合、联营等多种交易模式，实现生猪活体线上交易 + 线下交收。联合川渝两地的农业农村部门编制川渝生猪产业能繁母猪存栏指数，提供生猪价格"晴雨表"，用数据提高生猪产业宏观调控的科学性。

5. 农产品质量安全追溯

农产品质量安全追溯是指运用信息化的方式，跟踪记录生产经营主体、生产过程和农产品流向等农产品质量安全信息，以满足监管和公众查询需要。

农产品质量安全追溯的主要功能体现在以下两个方面。

一是规范企业生产经营活动，实现农产品来源可追溯、流向可跟踪、风险可预警、产品可召回、责任可追究，有效促进农业绿色生产。

二是有效保障公众消费安全，当发生农产品质量问题时，可有效追查，提高检查部门的效率，同时保障消费者权益。

山西省临汾市隰县人民政府大力发展玉露香梨产业，创建隰县国家现代农业产业园，建设了隰县梨果质量溯源监管平台，实现栽培过程中的关键节点信息、农资投入信息、检测信息的采集，落实全过程监管要求；打造"隰县玉露香梨"品牌标识，对"隰县玉露香梨"品牌防伪追溯标识进行统一管理，完善防伪追溯标识申请与发放管理机制，做到品牌标识数量可控制，严格做到品牌管理；推行"一品一码"，做到每个隰县玉露香梨粘贴果标，每个包装盒粘贴箱标，消费者可通过手机"扫一扫"查询产品的生产流通信息、检测报告等。

截至 2021 年 4 月，隰县已完成 2948 家农户、108 家农民合作社、15 家企业等主体的生产档案全过程数字化，覆盖生产主体基本信息，以及施肥、病虫害防治、花果管理、采摘等全过程。自开展供应链及追溯管控以来，隰县已累计发放 1.2 亿个隰县玉露香梨专属二维码，质量追溯覆盖率达 100%，这使隰县玉露香梨品牌认知度和产品品质大幅提升。

（二）农村电子商务

农村电子商务是借助互联网、计算机、多媒体等现代信息技术，使从事涉农领域的生产经营主体以电子化、网络化的方式完成产品或服务的销售、购买和电子支付等流程，通过农村电商公共服务体系和农村电商培训等手段，促进农产品流通，推动农业发展方式转变，推进农村产业升级。

作为农村生产、流通、消费与现代互联网信息技术结合而产生的一种新业态，农村电商能更大限度地挖掘农业产业的发展潜力，快速传递市场信息，在解决农特产品难卖问题、推进农业供给侧结构性改革等方面发挥着重要作用。

1. 农村电子商务的作用机制

（1）促进农产品流通

电子商务将农户与城市大市场进行低成本对接，推动"农产品上行"，破解了我国农业现代化发展面临的难题——农产品的销售难、农民增收难。

同时，农村电子商务还实现了虚拟价值链和农村综合服务的实体价值链耦合，实现了"工业品下行"，使下行的城市工业品可以更好地服务于新农村建设，助力乡村振兴。农村电商实现"工业品下行""农产品上行"如图3.2所示。

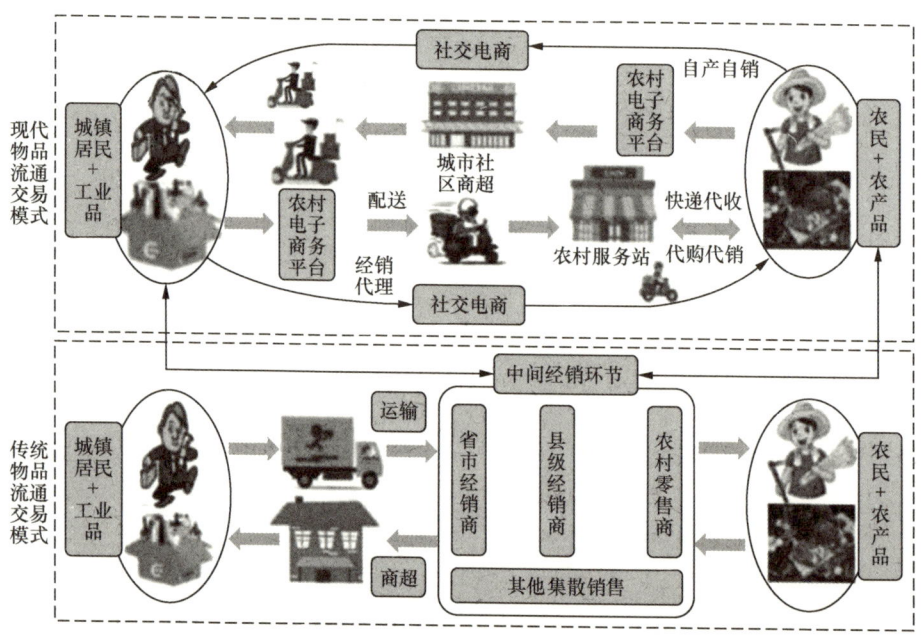

图 3.2　农村电商实现"工业品下行""农产品上行"

（2）推动农业发展方式转变

电子商务是农村进行产业升级的重要尝试，也是改善村民生活条件、促进当地经济发展的重要途径。

电子商务在农村蓬勃发展既有国家政策扶持的因素，也有信息技术、物流技术不断完善和普及的因素。淘宝、京东、拼多多等电商平台通过网络交易帮助农民在全国各地售卖农产品，解决农产品销路问题。

在"媒体+电商"时代，农村电商需要借助媒体进行产品宣传、促销、营销等，以提高人们对农产品的认知度，从而扩大销量。农村电子商务能够更有效地整合农村资源，为农村经济发展提供更有效的发展方式。我国农村自然环境差异大，特色产品较多，农村电子商务有助于发展农村特色农业，推动农业发展方式转变。

（3）促进农村产业升级

农村电子商务成功地开辟了农村小企业连接网络大市场的通道，拓展了农产品的销售渠道，避免了信息不对称现象的发生，提升了销售价格，使资源配置更合理，从而优化了农业产业结构。

农村电子商务还通过商品化的产业嵌入促进了传统产业的发展和创新，提升了村民的收入，并形成了村庄内部的产业模仿和扩散及村庄外部的资源虹吸效应，强化了农村的产业集群发展。基于电子商务平台的农村产业集群集聚，不仅能提高农民的生活质量，还能推动传统农业转型和城乡建设。农村产业升级路线如图3.3所示。

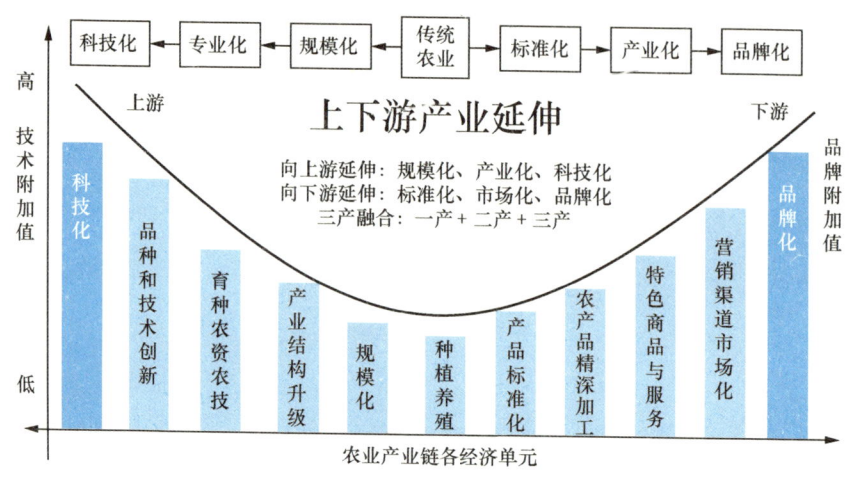

图 3.3　农村产业升级路线

（4）实现脱贫攻坚，助力乡村振兴

农村电子商务作为典型的互联网经济形式，扩展了交易空间，使农民直接面对消费者，大大提高了贫困人口的参与度和抵抗未来风险的能力，是对传统扶贫方式的根本突破。农村电子商务通过人力资本、物质资本和社会资本3个方面的投资实现脱贫攻坚和乡村振兴。

同时，农村电子商务还能推动贫困地区的产业基础设施升级，促进当地的产业融合发展，其带来的收入水平提升还可以转变贫困地区人口的思想观念，进一步促进经济增长，并实现良性循环。

2. 促进农村电子商务发展的关键举措

促进农村电子商务发展的关键举措包括以下两点内容。

① 打造农村电子商务公共服务体系。以省级电子商务公共平台为依托，以县级电子商务公共服务中心和村级电子商务服务站为实体机构，实现各级电子商务公共服务信息互联互通、快速协同，为农村电子商务从业者提

供线上线下多元化的支持服务。

② 开展农村电子商务各项专题培训。组织企业、学校、社会团体等，面向本地电子商务从业者、创业大学生、农村基层干部等集中开展农村电子商务、直播带货、电商营销等专题培训，提高农业经营主体电商的从业能力，并提供产品策划、美工、推广等多层次、多领域的服务。

以辽宁省凌源市数字赋能打造农业发展新赛道为例，凌源市委、市政府坚持农业农村优先发展，以促进农业增效、农民增收为重点，加快构建现代化农业体系，大力发展数字农业，优化农业发展布局和架构，促进精深加工和产业融合，打造主攻京津冀、辐射全国的优质特色农产品供应基地，全面提升农业质量效益和竞争力。凌源市推行"头部企业＋基地＋农户"的经营模式，辐射带动现代农业产业园和现代农业基地建设，实现城市与乡村产业联动发展。

凌源市始终注重科技引领，大力实施"互联网＋设施农业"工程，以"凌源百合""凌源黄瓜"等区域公用品牌为引领，实行标准化生产，推广全产业链产销模式、电子商务模式等新业态，完善投入产品管理、检测监管、产品追溯等体系建设，使产业品牌影响力不断增强。截至2020年，凌源市培育电子商务企业40余家，直接带动就业人数200人，间接带动就业人数2000人，成功帮助500余人开展微商创业，培育、推广农业品牌。同时，凌源市为3600余位农户提供质检及配送服务，质检服务累计5700余批次，冷链配送蔬菜累计达2000余吨。

河北省肃宁县也通过增强农村电子商务发展动能，推动数字经济的发展。肃宁县的裘皮服装、鱼竿渔具、民族乐器等传统优势产业均属于轻工业消费品，符合互联网销售特性。近年来，肃宁县为实现农民增收、企业增效、促进就业,将数字经济与乡村振兴战略相结合,立足特色优势资源禀赋,强化组织领导和资源整合,积极搭建网络销售平台,让困难群众搭上数字经济发展的"快车"。

河北省肃宁县以拓宽特色产品网络销售渠道为目标,积极搭平台、育人才、促产业,快速提升肃宁县农村电子商务的应用水平,增强肃宁县农村电子商务发展动能。肃宁县电子商务平台注册网店有3万余家,发单量超7000万单,直接或间接带动就业人数8万余人。肃宁县通过先触网带动后触网的模式,让电商经营渗透到其他传统产业,服装、民族乐器产业的线上销售率在50%以上,裘皮服装、电力装备的线上销售率在10%以上,为群众增收致富打下坚实的基础。

(三)乡村新业态

近年来,各类乡村产业聚力推进农村第一、二、三产业融合发展、农产品精深加工、农村创新创业、新产业新业态和产业集群等,在乡村振兴中蓬勃兴起。乡村新业态层出不穷,村民收获颇丰,其中以智慧乡村旅游、智慧认养农业尤为突出。

1. 智慧乡村旅游

乡村旅游是我国旅游发展的新热点,是极具潜力与活力的旅游板块之一。随着信息通信技术的发展,当前乡村旅游已超越农家乐模式,向观光、休闲、度假复合型转变,打破了传统乡村旅游的固定模式,进入创新化、精致化、高质量化发展的新阶段,形成智慧乡村旅游新格局。智慧乡村旅游的可持续发展，有利于改善农村的居住环境和生态环境，能够为农村地区带来更多的就业机会及经济收入，有效地解决农村青壮年劳动力流失等问题，从而推动乡村振兴。

智慧乡村旅游可以利用信息通信技术实现旅游资源的深入挖掘，丰富旅游体验。例如，借助无人机快速高清画面回传技术，结合虚拟拍照技术或虚拟现实/增强现实（Virtual Reality/Augment Reality，VR/AR）等，丰富游客的感官体验，深化对旅游资源的开发，满足游客的纵深旅游服务需求。以陕北乡村为例，VR全景淋漓尽致地展现了陕北地区的田园风光和特色建筑，体现了古老深远的黄土地文化。

智慧乡村旅游可以通过景区停车场、购票系统、语音导航等旅游基础设施的智慧化建设，构建乡村旅游资源开发的智慧化服务网络，以优质服务增加旅游资源的持续吸引力。例如，浙江省温州市苍南县智慧旅游通过小程序功能为游客提供地图导览及语音导游服务。

智慧乡村旅游可以利用大数据技术支持旅游资源开发与经营管理，通过环境监测、数据资源监测、车船监测、景区运行监测、假日运行监测、经营收入等数据分析管理，随时监测乡村地区旅游资源的使用与开发现状，防止出现旅游资源的过度开发与利用。智慧乡村旅游的经营管理可以借助旅游数据的共享性，对数据进行深度挖掘与分析，及时疏导游客，引导游客分流；还可以根据游客的年龄、职业、在景区的停留时间等相关数据进行人群画像，实现对乡村旅游需求的深度挖掘，把握乡村旅游市场方向，以指导乡村旅游资源的未来开发与利用。

搭建智慧乡村旅游的服务管理，可以转变传统乡村旅游中分散化、家庭作坊式的经营模式，形成乡村旅游目的地的全方位数据承载平台，通过技术支持与流量汇总，整合旅游资源，构建乡村旅游产业互联网，连接乡村旅游的吃、喝、住、行、购、娱乐休闲体验等全产业链，并对旅游产业链进行再造与升级，打造乡村旅游智慧化经营管理与产业结构重构，这为乡村旅游与农村经济的转型升级提供了无限空间。乡村旅游智慧平台如图 3.4 所示。

图 3.4　乡村旅游智慧平台

以浙江省湖州市安吉县通过智慧乡村旅游成功创收为例，山川度假区作为安吉县首个全域旅游示范乡镇，率先启动了智慧旅游平台建设，积极打造度假区旅游智慧管理系统。安吉县通过开发智慧旅游 App，有效带动产业发展，2020 年接待游客 180 万人次，同比增长 78.2%，旅游总收入达 4.18 亿元，同比增长 40.7%；各村经营性收入平均超过 200 万元，农民人均收入达 4.4 万元，初步形成"老百姓创业增收、村集体经营壮大、投资方创收盈利、乡政府实力增强"的四级联动共赢体系。

云南省大理白族自治州剑川县文旅产业在经历了"打基础、树品牌"的发展阶段后，目前已经向"智慧文旅"过渡。剑川县的所有景点都已上线"游云南"微信小程序，小程序除了景点地图导航、语音讲解等常见的基础功能，还增加了热力图、扫描识花草、景点实况直播、无人驿站等，为游客带来了全新的自助游览体验。此外，剑川县智慧乡村旅游项目将大部分餐饮店纳入"明厨亮灶"工程，通过实时的监控视频向游客展示食品的制作过程；部分宾馆实现"刷脸"入住，借助"游云南"数字身份体系，游客无须出示身份证件，刷脸就能入住，整个过程不超过 50 秒。数据显示，剑川县在 2021 年"五一"期间共接待游客 77942 人次，同比增长 10.06%，实现旅游总收入 8040.23 万元。"游云南"微信小程序界面如图 3.5 所示。

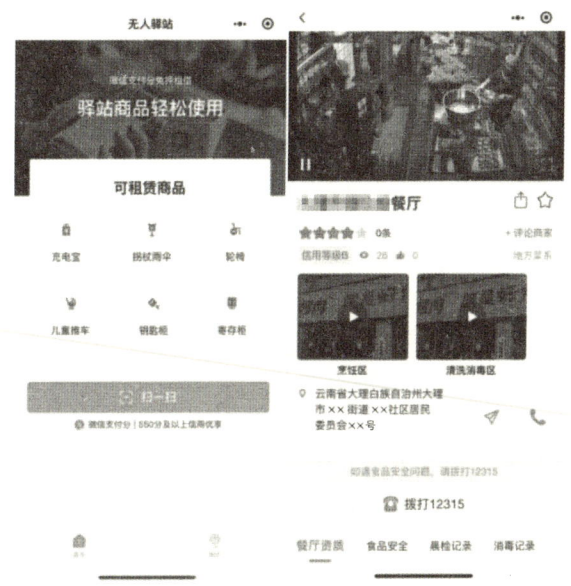

图 3.5 "游云南"微信小程序界面

江西省九江市永修县吴城镇是世界 A 类候鸟保护区和江西鄱阳湖国家级自然保护区核心区所在地，享有"千年古镇、世界湿地、候鸟王国、水中沙漠"等美誉，积极打造全域智慧景区是吴城"候鸟小镇"智慧乡村旅游的独特探索。

2021年，鄱阳湖吴城"候鸟小镇"搭建了智慧景区4A建设项目，鄱阳湖吴城智慧小程序包含智慧景区Wi-Fi、线上智慧景区等，服务覆盖门票、美食、酒店、购物、导航、停车等范围，极大地提升了游客的舒适度、体验感、便捷性和自主性。此外，鄱阳湖吴城"候鸟小镇"在各个重要景点安装了大数据采集盒子，可以即时采集景区客流量、停留时间、游客画像等信息，未来也将对采集数据进行深度挖掘。2021年，鄱阳湖吴城"候鸟小镇"喜获九江市文化广电新闻出版旅游局、九江日报社联合颁发的"九江市十大新地标"称号。

2. 智慧认养农业

认养农业是指由农民提供耕地或养殖场、帮助种植养殖管理，由城市市民出资认购，收获的产品为市民所有的一种新型农业生产经营形式。

随着互联网、物联网、VR/AR等技术的渗透，认养农业的发展已进入智慧认养阶段。例如，通过监控视频、传感设备等硬件设施，认购者可以远程操作，体验农作乐趣。智慧认养农业让农民提前获取部分利益，解决了资金不足等问题；提高了农产品的附加价值，增加了农民收入；农产品预售有效减少了农产品滞销、减产等带来的损失；增加了与消费者之间的互动，有利于农业品牌的建立和推广及商业可持续发展。此外，认养农业还可以与旅游、养老、文化等产业进行深入互动，以体验、互动为卖点，让农业实现由第一产业到第三产业的巨大转变。

智慧认养农业运用计算机端、手机移动端App和微信小程序，结合监控视频等硬件设施，使认养者可以通过手机24小时查看自己的田地实况，实时监控田间地头的状况。同时，认养者也可以将自己种植的农产品转赠给亲朋好友。通过线上平台和网络商城的推广，认养率有一定程度的提高。

智慧认养手机移动端 App 界面如图 3.6 所示。

图 3.6 智慧认养手机移动端 App 界面

智慧认养农业通过布局智能化硬件设施、搭建数字化农业管理平台等手段提升农业智慧化水平，既能提高管理效率、减少人力劳动、降低管理成本，又能整体提升认养农业的品牌价值，吸引更多认养者，形成"开源—节流"的良性创收循环。例如，通过委托第三方软硬件企业或团队组织，搭建智慧农业大棚，部署无线灌溉系统、环境监测系统、土地墒情监测系统、光照强度系统、温湿度监测系统、虫情监测系统等。通过充分发挥物联网技术在农业生产中的作用，将各类监测数据上传至云平台，云平台将数据按提前设定的规则清洗处理后，通过计算机、手机等信息终端向管理者和认养者推送，实现温室大棚信息化、智能化、精细化远程管理。

2015 年，辽宁省盘锦市率先开创了"认养农业 + 互联网"耕种新模式，主打产品"蟹田大米"广受消费者喜爱，随后成立与生态农业发展有关的公司，推动盘锦"认养农业"的发展。

"认养农业+互联网"为当地开辟出农业增收的新路子。一方面，村民将耕地出租给相关公司，能够提前获取租金，再参与到耕地管理工作中也能获得稳定的薪资；另一方面，相关公司按消费者需求生产优质稻米，倒逼农产品质量提升，促进当地农业进步，实现耕地绿色可持续发展。盘锦市"认养农业"显著提高了当地农民的收入，并给当地的各行各业注入了新活力。

江苏省溧阳市庆丰村通过深度种植体验，推出了智慧认养农业的新模式。江苏省溧阳市庆丰村依托水稻产业优势，倾力打造"苏南第一方，庆丰稻花香"项目。通过对闲置土地进行集中流转，发挥稻田产业优势，培育"回归乡村、回归家园、回归健康"的乡村度假产品，创新采取"线上+线下"的模式发展"认养农业"，盘活土地资源。该模式让庆丰村的百余名闲置劳动力广泛参与项目的运营、稻田与菜园的日常管理和劳作、农庄物业管理等，在村民的家门口解决了就业问题，有效规避了农产品滞销问题。

浙江省匠心农业团队创新推出了"互联网+蜂场"的养蜂模式，依托互联网移动端构建"蜂场+小程序+客户"平台，把直播摄像头装进各个蜂场，将蜂农与蜜蜂的辛勤劳动及蜂蜜的生产全过程，通过互联网传到小程序进行实时直播。这种新的销售模式保证了产品质量，激发了消费者的购买欲望。

通过在西瓜视频平台上线"认养1箱蜂"公益项目，浙江省匠心农业团队实行先认养后养殖，这样一来不仅解决了蜂蜜滞销问题，还带动了40多户贫困户养蜂，使每户贫困户年均增收6000元。2020年，该团队又开发出能随时传导蜂巢内各种信息的智能蜂箱，农户可以利用智能蜂箱进行蜜蜂智能化养殖。

（四）农业科技创新供给

农业科技创新供给包括农机数字化服务、农业科技信息服务等，通过发挥科技创新在"三农"建设中的支撑引领作用，促进农业生产数字化、智能化，推动实现农业高质量发展。

1. 农机数字化服务

农机数字化服务是指农民合作社、家庭农场、牧场、渔场、涉农企业等经营主体在种植或收获环节，投入植保无人驾驶航空器、遥控自走履带式旋耕机、自走式绞盘喷灌机、无人驾驶拖拉机、无人驾驶水稻插秧机、无人驾驶收获机等智能农机装备，开展自动仪、智能仪耕地管收作业，实现卫星整地平地、精准喷药、变量施肥、谷物自动测产等功能。

农机数字化服务减少了人力投入，能够在保障产品质量的同时，提高投入产出效率。农业生产者使用移动终端发布需求信息，社会化服务机构或农机手接单后前往指定的田间地头作业，实现在线下单、远程监测、精准调控、线上结算，让农户生产者"足不出户"完成作业。

近年来，我国加快农机装备数字化发展，农业农村部根据《农业机械试验鉴定办法》制定发布智能农机产品鉴定大纲。2022年修订了《水稻插秧机》等19项农业机械鉴定大纲、制定了《甘蔗切种机》等12项农业机械推广鉴定大纲，支持智能农机装备推广应用。2022年制定、修订的农业机械推广鉴定大纲目录见表 3-1。

表 3-1　2022 年制定、修订的农业机械推广鉴定大纲目录

序号	大纲编号	大纲名称	制定/修订	代替大纲编号
1	DG/T 008—2022	插秧机	修订	DG/T 008—2019
2	DG/T 016—2022	秸秆（根茬）粉碎还田机	修订	DG/T 016—2019
3	DG/T 025—2022	棉花收获机	修订	DG/T 025—2019
4	DG/T 048—2022	果品分级机	修订	DG/T 048—2019
5	DG/T 050—2022	挤奶机	修订	DG/T 050—2019
6	DG/T 059—2022	大型喷灌机	修订	DG/T 059—2019
7	DG/T 064—2022	投（饲）饵机	修订	DG/T 064—2019
8	DG/T 078—2022	薯类收获机	修订	DG/T 078—2019
9	DG/T 086—2022	病死畜禽处理设备	修订	DG/T 086—2019
10	DG/T 087—2022	铧式犁	修订	DG/T 087—2019
11	DG/T 089—2022	开沟机	修订	DG/T 089—2019
12	DG/T 128—2022	花生脱壳机	修订	DG/T 128—2019
13	DG/T 147—2022	畜禽粪便发酵处理机	修订	DG/T 147—2019
14	DG/T 148—2022	畜禽粪便翻堆机	修订	DG/T 148—2019
15	DG/T 154—2022	热风炉	修订	DG/T 154—2019
16	DG/T 210—2022	草捆捡拾收集机	修订	DG/T 210—2019
17	DG/T 211—2022	轨道运输机	修订	DG/T 211—2021
18	DG/T 217—2022	设施环境控制设备 温湿度控制器	修订	DG/T 217—2019
19	DG/T 231—2022	菌料装瓶（袋）机	修订	DG/T 231—2019
20	DG/T 271—2022	甘蔗切种机	制定	/
21	DG/T 272—2022	甘薯移栽机	制定	/
22	DG/T 273—2022	去雄机	制定	/
23	DG/T 274—2022	水肥一体化设备	制定	/
24	DG/T 275—2022	烟叶收获机	制定	/
25	DG/T 276—2022	药浴机	制定	/
26	DG/T 277—2022	牲畜分群设备	制定	/
27	DG/T 278—2022	修蹄机	制定	/
28	DG/T 279—2022	畜禽识别（定位）监控设备	制定	/

续表

序号	大纲编号	大纲名称	制定/修订	代替大纲编号
29	DG/T 280—2022	有机废弃物干式厌氧发酵装置	制定	/
30	DG/T 281—2022	病死畜禽贮藏设备	制定	/
31	DG/T 282—2022	水草清理（梳割）机	制定	/

我国实施农机购置补贴政策，加快智能农机装备推广应用。根据2021年国务院发布的《"十四五"推进农业农村现代化规划》，通过稳定实施农机购置补贴政策，创建300个农作物生产全程机械化示范县，建设300个设施农业和规模养殖全程机械化示范县，推进农机深松整地和丘陵山区农田宜机化改造，加强农业机械抢种、抢收、抢烘服务能力建设。新型农机展示如图3.7所示。

图3.7　新型农机展示

同时，我国开通"春耕农机线上服务站"，鼓励地方创新农机化技术指导方式，为农机骨干提供有针对性的网络培训指导服务。组织线上作业供需对接，积极引导各地利用全国农机信息化服务"农机直通车"平台，满足组织在线对接作业需求，强化机具合理调度，细化生产安排，保障"春耕""三夏"作业顺利高效完成。多地通过手机App就近快速为农户开展代耕代种、全程机械化+综合农事等服务。

广东惠州、福建南平、浙江余姚、湖南鼎城、山东巨野等地采用"滴滴"

农机模式开展农机作业"无接触"服务,在线下单、远程监测、线上结算,帮助农户"足不出户"完成作业。以"智能农机无人农业"为主题,河北赵县举办田间日活动,现场演示无人收割机、运粮车协同作业等国内最新的智能化、精准化、少人化农机技术装备,近20万人通过视频直播在线观看。

全国31个省(自治区、直辖市)均已全面开通农机购置补贴辅助管理系统,已有35个省级实施单位实现农机购置补贴辅助管理系统与农机安全监理牌证系统数据互联互通,全国31个省(自治区、直辖市)已全面实行补贴收益信息、资金使用进度实时公开。各地政府大力推广使用手机App,简化程序,提高效率,全国已有超过35%的补贴申请通过手机App提交,其中,北京、浙江、青岛使用率超99%。我国利用数字技术探索农机购置补贴辅助管理模式,继续开展农机购置补贴"三合一"试点,支持北京、上海、江西、四川等试点地区运用物联网、大数据等技术,打通补贴申请、机具识别、作业轨迹监测等方面的数据通道,探索更加安全、高效、便民的补贴机具核验与补贴资金申领模式。

2. 农业科技信息服务

农业科技信息服务是指运用"云问诊""云课堂"等互联网手段,为农业生产经营主体提供有关种植业、畜牧业、农产品加工业等相关的科技信息,对种植、畜牧、农机等开展分类技术指导。

农业农村部针对农业科教信息化存在的应用主体协同不足、信息装备落后、应用效果不佳、互联互通不够等问题,研究开发了全国农业科教云平台,基于大数据、云计算,建成"统筹设计、分层分类、上下贯通、共建共享、高效运转"的农业技能推广服务和职业农民培育云平台体系，聚集各类科技教育资源，有序对接地方和第三方平台，为各级农业管理部门、农业专家、农技推广人员和广大农民提供在线学习、互动交流、成果速递和服务对接，特别是满足生产一线农民的技术与信息化需求。

全国农业科教云平台可以提供平台在线农业技能问答服务，农业生产经营主体可以利用 App、微信小程序等开展远程学习，检索农业科技信息资源，掌握农业前沿技术信息，并获得专业技术指导。该平台建成了以用户为核心的农业科技服务活性网络。

农业科技信息服务提升了农业科技供给效率与质量，促进了农户与现代农业的有效衔接，实现了农业科教与农业产业的深度融合。

3. 农业市场信息服务

农业市场信息服务是指在农产品商品经济活动中，能客观地描述农产品市场经营活动及其发展变化，为解决农产品生产经营、管理和进行市场预测，提供各种能产生经济效益的知识、消息、数据、情报和资料等服务。使用科学的方法和手段收集、整理农产品信息，加强对信息的管理和利用，是现代农产品销售与营销管理的重要内容，也是信息工作的基本任务。

农业农村部利用科技创新，加大了农产品产销对接力度，解决了部分地区农产品滞销问题。农业农村部推动各地积极借助云平台开展线上推介，通过电视频道、微信公众号、抖音、快手等平台开展多维度的线上推介活动，还组织开展了全国农产品产销对接视频会商活动，通过网络连通产销两端，加强了"点对点""一对一"交流。例如，大力举办"庆丰收·消费季"活动，27 家互联网企业共同倡议推动贫困地区滞销农产品销售，着力打造全国农产品产销对接公益服务平台，强化电商与企业的联系。据不完全统计，海南、广西、云南、湖北等近20个省（自治区、直辖市）以成果组织开展了线上推介活动，利用多种渠道促进了产销精准对接。

农业农村部依托重点农产品市场信息平台，加快聚合全链条数据资源，主要涉及农产品批发价格200指数等业务内容，通过数据整合共享，汇聚了生产、国际贸易、成本收益、市场动态、品牌建设等相关信息。该平台目前已接入各类数据约20亿条，每天新增数据10万余条，成为农产品市场信息的汇聚中心。

2022年上线的新版重点农产品市场信息平台加强了数据资源治理，创新构建了适用于重点农产品全产业链的数据治理模式及流程，汇聚形成了8个大类、20个品种的数据资源池，能够提供覆盖生产、流通仓储、加工、消费、贸易、价格、成本收益等全产业链8个关键环节共596个指标的数据展示与查询。同时农业农村部打造了"一站式"数据服务平台，该平台以品种为主线，及时提供各品种的各关键环节的动态数据，并自动形成分析报告，提供重点农产品供需形势分析报告。

全国重点农产品市场信息平台如图3.8所示。

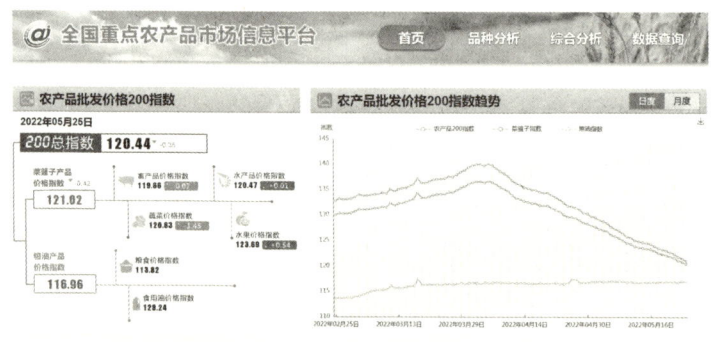

图3.8　全国重点农产品市场信息平台

（五）农村数字普惠金融

数字普惠金融是指以各类数字技术为支撑对传统金融业务升级，或者创新金融产品服务形式，进而形成的新型普惠金融发展业态。数字普惠金融具有降低服务成本、扩大服务边界、提升服务质效等优势，被广泛认为是降低收入不平等、提升金融包容性和社会福祉的重要国家战略。

我国重点发展数字普惠金融，特别是发展农村地区的数字普惠金融，普惠金融已经成为助推城乡融合发展和实现乡村振兴战略的重要路径。"十四五"时期，发展农村数字普惠金融仍是实现乡村振兴的重要路径。

1. 便捷金融服务

农村数字普惠金融服务包括基于电商平台的农村产业链金融服务、第三方互联网金融平台服务和"互联网+"农业供应链金融服务等。

① 基于电商平台的农村产业链金融服务模式。受国内电商平台开辟农村蓝海的"示范效应"影响，部分实力雄厚的国有银行开始尝试建立自己的电子商务体系，增强交易场景和产业链金融基础数据的获取能力。例如，中国建设银行设立了"善融商务"平台，"平台+扶贫企业+贫困户"的模式对支持贫困地区和贫困农户融资发展起到了一定的促进作用。截至 2020 年 6 月，"善融商务"平台入驻参与扶贫的企业超过 4200 家，对接建档立卡贫困户 2.6 万户，约 9 万人。中国农业银行创设了"惠农 e 商"平台，致力于"农产品进城、工业品下乡"的城乡一体化发展。

② 第三方互联网金融平台服务模式。第三方互联网金融平台服务模式是传统金融体系之外的网络借贷、众筹平台。一些大型综合网络财富管理

平台在县域和农村地区的覆盖面逐步扩大,并逐渐针对农村居民需求开发不同的设计产品,为农村数字普惠金融的发展起到了一定的作用。

③ "互联网+"农村供应链金融服务模式。农村供应链金融主要是基于涉农头部企业的订单或应收账款,面向产业链上游农户、家庭农场、种养大户和农村小微企业的金融服务。"互联网+"农村供应链金融的资金供给方(头部企业、商业银行等)借助网络技术放贷,成为农村数字普惠金融的一种典型模式。例如,中国人保财险公司与宁夏地方政府部门、头部企业合作,打造了基于共享平台的"3+N"模式。其中,"3"为头部企业、政府、农户,"N"为全产业链保险,重点服务于当地特色的滩羊养殖、马铃薯种植等产业。

2. 信贷服务

近几年,我国涉农贷款数额持续增长,目前,贷款余额已达 42 万亿元。其中,普惠型涉农贷款余额 8.47 万亿元,其增速近 3 年均高于各项贷款的增速。

我国涉农贷款主要由农村金融机构发放。按照企业性质与产品服务的不同,农村金融机构可以分为政策性银行、大型国有商业银行、基层涉农银行和以部分小贷公司、互联网金融公司为代表的新型金融机构,这是涉农贷款的主力。这些农村金融机构所打造的扶贫小额信贷和商业性普惠贷款等农村普惠信贷产品,是推动乡村振兴的重要力量。

① 金融机构积极打造各类惠农信贷产品。北京银行"万院计划"在 5 年内支持万家乡村小院发放超万亿元个人普惠金融贷款。该计划从精准助力特色民宿产业起步,已升级为乡村金融全面服务方案。随着"万院计划"

的启动，北京银行已与多个民宿项目签署意向授信协议，计划向特色民宿项目发放贷款 10 亿元，为"万院计划"的落地打造了良好的开端。

② 政府大力推进与金融机构的信贷服务合作。南京市联合紫金农商银行等多家合作银行，构建乡村振兴金融信贷服务体系，面向新型农业经营主体设立"金陵惠农贷"，面向初始涉农创业主体推出"惠农快贷"，面向普通农户推出"金陵惠农小额贷"，并建立考核激励机制引导社会资本投入，直接带动银行放贷超过 10 亿元，间接撬动社会资本投入超过 20 亿元。

3. 新型农业保险

我国农业保险自 2007 年中央财政实施农业保险保费补贴政策以来，保障范围不断加大，保障效果持续加强。

具体来看，我国农业保险承保种类基本覆盖农、林、牧、渔等领域，承保的农作物品种已超过 280 种，玉米、水稻、小麦三大粮食作物承保覆盖率已经超过 65%。2016—2020 年，我国农业保险累计为全国农业产业提供了保额为 12.2 万亿元的风险保障，惠及农户 8.02 亿户。2020 年，我国农业保险保费收入实现 815 亿元，一举成为全球农业保险保费规模最大的国家。各金融机构也越来越重视通过科技赋能、保险创新等手段持续优化保险服务，助力我国农业高质量发展。

（1）以科技赋能助力养殖业高质量发展

面对重大疫情时，因缺乏行之有效的预防和管控手段，养殖户可能会产生严重的经济损失，这就需要农业保险来分摊农户的风险，保障农民在出现重大风险损失后仍可以恢复生产。中国人寿财险运用新技术将生物特征智能识别技术引入养殖保险，在安徽省宿州市埇桥区使用牛脸识别技成功承保了约 1800 头肉牛的保险，累计为养殖企业和个人提供约 1080 万元的风险保障，实现精准承保、精准理赔，降低养殖户的经营风险，进一步提升了养殖业保险精细化管理水平，保障养殖产业持续健康发展，助力长三角农产品基地的建设和发展。

（2）以保险创新支持乡村振兴战略

2020 年，安徽省定远县创新性地推出了"防贫保"，采取"政府＋保险"的保障方式，定远县财政部门设立"防贫保"资金池，为全县临贫、易贫人群提供足额风险保障。保障对象覆盖全部农村人口，涉及因病、因灾、因意外致贫返贫等类型。安徽省通过分期、分批开展"防贫保"综合保险试点，试点已覆盖六安、宿州、亳州、阜阳等市（县、区），支付赔款近亿万元，受益贫困户近 8 万户。

（3）以农网建设服务农村经济全面发展

广东银行业保险业农村基础金融服务网络逐渐深入，形成了银行业务和保险服务双覆盖、点线面结合、多种服务方式并存、纵深不断拓展的农村基础金融服务网络。广东省（不含深圳市，下同）6 个大型银行分行、14 个股份制银行分行、4 个城商行和 3 个农商行总行设立了普惠金融（"三农"金融）事业部，围绕服务乡村振兴和助力脱贫攻坚形成了专业化的金融服务供给机制。

支农支小主力军组织体系的建设，助力"三农"金融组织架构基本形成，打通了农村渠道队伍建设的"最后一公里"，将优质的保险服务延伸到农村的最基层。

第四章
乡村数字治理篇

04

乡村治理是国家治理的基石，是乡村振兴的重要保障。

随着社会经济快速发展，村民的生活水平不断提高，对利益的诉求也更加多元化，乡村治理需要不断创新方式，提高治理水平。发展乡村数字治理，用数字化赋能乡村治理，既能提升乡村治理的科学性和时效性，也能为乡村治理现代化提供新的方法路径。

中共中央办公厅、国务院办公厅印发的《数字乡村发展战略纲要》明确提出，着力发挥信息化、数字化在推进乡村治理体系和治理能力现代化中的基础支撑作用，繁荣发展乡村网络文化，构建乡村数字治理新体系。

通过数字化赋能乡村治理，建设"智慧党建"、"互联网＋政务服务"、网上村务公开及基层综合治理信息化、乡村智慧应急管理，能够有效提高乡村治理的现代化水平，加大基层党务、政务、村务的信息公开力度，不仅方便群众，还可以有效增强网络监督，促进农村基层权力规范运行。

（一）"智慧党建"

"智慧党建"是指利用互联网、大数据、云计算等新一代的信息技术实现党建工作的智能化管理。

《中共中央关于加强党的政治建设的意见》中明确提出，积极运用互联网、大数据等新兴技术，创新党组织活动内容方式，推进"智慧党建"。

近几年，各地各级党组织已经掀起了"智慧党建"平台的建设热潮，常见的"智慧党建"网站、党建微信公众号、党建 App 等都属于"智慧党建"的应用。"智慧党建"的不断推进，强化了基层党组织的管理，提升了党务管理工作的效率，增强了乡村基层党员与群众之间的互动，进而提高了社会治理水平。"智慧党建"在乡村基层党建工作中主要体现在党务管理信息化、新媒体党建宣传、党员网络教育3个方面。

1. 党务管理信息化

党务管理信息化是"智慧党建"的重要内容。随着社会的发展和现代网络技术的推进,日常党务处理实现了静态和动态管理的统一,不仅扩大了党组织的活动舞台和辐射范围,拓宽了党内民主渠道和党群沟通渠道,创新了党建管理方式,同时也加强了党务管理信息、教育、服务功能一体化建设,加强了党务管理工作的信息化、标准化、现代化管理,从而全面提升了党务管理工作的效率和水平,减轻了基层工作负担,顺应了党建工作和新技术"融合共生"的趋势。

党务管理信息化建设既是信息化时代发展的客观要求,也是党的先进性建设和党建工作改革创新的必然要求。通过对比传统的乡村基层党务管理模式,我们发现新技术赋能的党务管理主要有以下5个方面的创新。

① 便捷的管理服务。信息技术可以加强组织对党员的动态管理,随时检查、工作留痕、考核、线上缴费、组织关系转移都可以在网上完成,节省了人工和时间成本,切实帮助党组织减轻基层工作负担。

② 实施工作监督。各级党组织积极利用党建网站、微信公众号和党建微博,及时发布重要决策和重要信息,进行在线评估,确保党员的知情权、参与权和监督权,有效地扩大了党内外的监督渠道。

③ 党员的教育是多种多样的。信息技术可以帮助组织建立在线党校、支部微信团体、党员论坛、网络支部会议等,开辟了党员教育学习的新领域。同时,图像、文字、音频和视频等多种元素的单独或综合呈现,极大地丰

员教育的内容和形式。

④ 党务管理工作的联合化。以往各地各级的党务管理工作基本处于相互分割的局面，缺少资源信息的公开和共享，"智慧党建"平台的出现增强了信息资源之间的互通性，更容易形成党务管理的整体合力。

⑤ 党务管理的精确化。传统的党务管理多采用手工操作，因而具有一定的随意性，容易受个体的影响。"智慧党建"平台具有标准统一、公平公开等特征，同时通过智能分析能力，对收集到的党组织、党员的基本信息和动态数据进行分类处理和分析，有助于党组织开展智能科学决策管理，促进党建管理工作的精确化和科学化。

目前，新技术在乡村基层党组织的党务管理信息化中的运用还处于初级阶段，未来还需要不断注入新技术、新动能，持续深化信息技术在党建工作中的应用。另外，在新技术运用过程中，乡村基层党组织要注意将网络党建和实体党建有机结合，实现线上线下统筹推进和良性互动。党务管理信息化建设不是用网络管理取代实体管理，也不是用"键对键"取代"面对面"，而是实事求是，用线上管理支持线下管理。

以广东省汕尾市政务服务数据管理局在"民情地图"平台中对党务管理信息化的建设为例，该局通过"民情地图"平台，抓实党建工作，通过党建数字化，对全市10.9万名党员的外出、离职、新进及党员先锋比例等情况进行动态掌握。对党员队伍开展常态化管理，加强对党支部、党组织书记、党员队伍三支力量的号召能力。强化应用服务，增加小视频、培训、党课等链接，普及农村党员教育。

2. 新媒体党建宣传

传统的党建宣传工作较为简单，多运用宣传板、电视媒体等渠道，在新媒体环境下，党建工作必须与时俱进，不断创新，运用新媒体，创新党务宣传，从而提高党的凝聚力和号召力，更好地为人民服务。

针对乡村基层党建宣传工作的特点和具体内容，"智慧党建"充分运用微信、抖音、微博等新媒体，极大地提高了党建的宣传力度，起到了很好的宣传作用。

① 可以将基层党支部召开的重要会议（例如"三会一课"的筹备召开情况等）录入支部微信公众号中，向党员进行公示，以规范基层党支部的工作内容，同时使基层党支部的各项工作融入党员的日常组织生活中。

② 依托微信建立党支部微信群，所有党员均实名加入。通过微信群，党支部可以集中开会或集中开展党课培训和理论学习，党员可以进行发言，随时交流学习体会。这些都可以使党员宣传教育、交流互动、建言献策等功能得到进一步发挥。

③ 利用多媒体技术制作党课和微党课，时长较长的党课可以发布到支部的微信公众号中，时长较短的微党课可以投放到抖音账号中，支部党员可以随时观看学习。

④ 对于基层党支部举办的活动，既可以通过微信公众号编辑器进行加工制作并发布到微信公众号中，也可以利用 H5 网页制作并发布到微信群里或者个人微信中，以保证宣传效果。

⑤ 针对党史和新闻时事，微信公众号平台和微博平台可以对文字版内容进行原创编辑，也可以转发其他认证账号的内容，微博平台和抖音平台可以发布或转发视频版内容以传播正能量。

另外，在利用新媒体辅助党建宣传时，还需要将乡村基层党建宣传工作细化、分类化，让不同的乡村基层党建宣传内容与合适的新媒体平台进行对接，进而将其流程化，最终构建出"新媒体+基层党建宣传"平台，以此帮助基层党建宣传工作获得更好的效果。

以甘肃省兰州市东川镇党委"智慧党建"的探索为例，为深入贯彻党中央和省、市、区委关于基层党建工作的决策部署，进一步创新党建工作载体，着力提升服务群众能力，兰州市东川镇党委结合工作实际，探索在党群关系中利用新媒体获取群众利益诉求信息，传递惠民方针政策，并把群众的利益诉求和民生问题的解决进度通过线上线下系统及时准确地告知群众，创造性地提出了"线上线下"工作法。

东川镇"线上线下"工作法包括以下内容。线上"2471"，即"党群通"微信公众号和微博账号2个信息发布推送平台，党建工作群、为民服务代理群、文化道德群、社会管理群4个QQ群，6个村和1个社区构成的7个QQ群，以及1个短信数据库。线下"4+7"，即把收集到的群众诉求分为4类，进行清单管理，并通过"7步法"解决群众诉求。虚实打通"两"结合，即"一"个党群关系线上线下服务台和各村（社区）都有的"一"个党群关系线上线下服务点。

3. 党员网络教育

党员教育是党的建设的重要基础工作和长期战略任务，在推进中国特色社会主义伟大事业和党的建设新的伟大工程中具有先导性、全局性、保障性作用。新时期，党员的教育方式随着信息技术的发展不断发生变化。为了更好地巩固基层党组织的堡垒作用，提升乡村党员教育的便捷性和高效性，着力打造网络教育新模式是乡村"智慧党建"建设的重要一环。

信息化网络教育主要利用网络信息平台对现有的教育资源进行全面整

合和共享利用，帮助党员更好地进行日常的学习教育，网络教育在乡村基层党员教育中的主要优势有以下两个方面。

① 集中资源，分散教学。我国乡村党员分布广泛，人数较多，集中学习是有难度的，但通过信息网络技术可以很好地解决这个问题。统一部署资源，再分散到各个地区集中学习，可以起到良好的效果。

② 网络传输资源，学员复制资源。组织大规模的党员进行学习教育受到很多因素的制约，但是如果以信息网络为载体，将相关的网络资源放到共享网站，让党员自行获取课件，进行自主学习，这样既节省了时间，也方便了党员利用自己的空闲时间进行学习。

未来，在农村党员网络教育中，各级党组织应进一步结合各个乡村的实际情况，积极主动地采取有效措施，高质量、严要求、分批次地完成教育网点的巩固提高和工程建设任务。同时，采取多种方式，系统培训管理操作人员队伍；不断探索和建立健全现代网络教育各项规章制度，进一步创新教育管理模式，增强网络教育的针对性、有效性，真正实现"党员干部经常受教育，农民群众长期得实惠"的目标，切实推动数字乡村又快又好发展。

以甘肃省永昌县水源镇党员教育培训为例，近年来，甘肃省永昌县水源镇在全面推进城镇建设、新农村建设的过程中，为了破解部分农村党员思想观念陈旧、创业技能不足、带富能力不强、先锋模范作用发挥不够突出、与当前发展形势不相适应的难题，统筹规划、整合资源、拓宽渠道，办好"网络课堂"，探索建立农村党员教育培训工作新机制，发挥党员教育培训工作在党建中的基础性作用，有效提升全镇党员队伍的综合素质，为全镇经济社会发展注入了持久的动力。

"网络课堂"远程助教,依托覆盖全镇的 16 个现代远程终端站点,搭建党员网络教育培训平台,通过观看电教片、在线收看"视频点播"、在网上与专家点对点交流学习等形式,实现了科技资源、专家资源与农村党员实际需求的有效对接。党员网络教育培训平台先后开展网络培训 200 余场,发放电教片 20 多盘,为党员和群众提供网上信息查询和发布服务 600 余次,不断满足党员和群众的个性化学习需求。

(二)"互联网+政务服务"

"互联网+政务服务"是以人民为中心的发展思想,着力解决群众关心的痛点难点问题,建设一体化在线政务服务平台,打造人民满意的在线政务服务,推动政务服务从以政府供给为导向向以群众需求为导向转变。"互联网+政务服务"建设,将实现从"线下跑"向"网上办""分头办""协同办"的转变,全面推进"一网通办",为优化营商环境、方便企业和群众办事、激发市场活力和社会创造力、建设人民满意的服务型政府提供有力支撑。

1. 乡村政务服务"一网通办"

乡村政务服务"一网通办"是指实现政务服务网、移动终端、实体大厅等服务渠道线上线下融合互通,跨地区、跨部门、跨层级业务协同办理,构建"用户通、证照通、材料通、消息通、支付通、物流通"的一体化政务服务体系。乡村政务服务"一网通办"依托一体化在线政务服务平台,实现政务服务全覆盖,构建新常态下的政务服务一体化运行服务体系。

乡村政务服务"一网通办"通过规范网上办事标准、优化网上办事流程、整合政府服务数据资源，搭建统一的互联网政务服务总门户，推行政务服务事项网上办理，推动企业和群众办事线上只登录一次即可全网通办，逐步做到一网受理、只跑一次、一次办成。

① 基层政务服务体系建设。政府建立完善窗口值守、承诺告知、收件分办、限时办结等工作机制，并聚焦市场、民政、卫生健康、就业、社保、残疾等领域和办事场景，在窗口设置、人员调配、帮办代办教办等方面进行试点，有力保障政务服务工作。

② 基层政务服务能力建设。政府大力推进统一受理平台应用，让乡村政务服务事项全部入驻统一平台"综合窗口"受理，实现线上线下办事"全量汇聚、全量感知"。

③ 基层政务服务信息技术支撑。政府实施市域电子政务外网改造工程，重点调整优化乡村网络架构，实现集中管理、有效监督、安全提质，全面提升网络安全传输质量和监管服务水平。持续提升政务数据共享交换、统一受理等平台技术服务支撑能力，不断拓展和丰富各项服务功能，以实现汇聚全量实时政务服务办事数据和电子证照、申请材料数据等。

2. 乡村政务服务"最后一公里"

乡村政务服务"最后一公里"是指通过将政务服务延伸到基层，拓展到指尖，让群众办事少跑路甚至不跑路，节约群众办事成本，真正为群众提供方便、快捷、高效、优质的服务，推进政务服务综合能力提升。

乡村政务服务"最后一公里"的关键在于要对与群众生产生活密切相关的服务和便民事项进行流程优化和手续简化，并经过信息化、数字技术等手段，解决群众办事难的问题，实现"一站式"办理，增强群众的获得感。

① 推行自助服务终端应用。政府积极拓展自助服务终端配套功能，开通社保、公积金、水费、快递等便民查询和医疗保险/养老保险缴费、汽车购票、手机充值等便民服务。乡村政务服务与市政务服务受理平台全面对接，开通市、县、乡、村四级政务服务事项网上申请，身份证识别、申请材料扫描上传、打印申报成功回执单等一系列操作均可通过终端一次性完成，实现了乡村群众办理市、县两级事项"最多跑一次"。

② 探索移动终端政务应用。政府宣传推广政务网站、移动应用，将政务网站、移动应用宣传推广触角延伸到基层，拓展政务服务平台服务功能的深度和覆盖范围，实现"村民办事不出村"，做到与群众生产生活密切相关的政务服务和便民事项"全部上线、全程在线"，积极引导群众使用"掌上办""指尖办"，切实提高工作效率，真正实现"办事不求人"。

（三）网上村务管理

网上村务管理的主要应用方向包括村务财务公开及"互联网+村民自治"等。

1.村务财务网上公开

村务财务公开是指村集体经济组织把本村涉及国家、集体和个人三者利益关系的财务处理情况，通过一定的形式（例如，在公开栏发布、电子触摸屏显示、发放资料等）和程序告知全体成员，并由全体成员参与管理、实施监督的一种民主管理行为。

2011年，农业部、监察部印发的《农村集体经济组织财务公开规定》

提出，村集体经济组织应当将其财务活动情况及其有关账目，以便于群众理解和接受的形式如实向全体成员公开，接受成员监督。实行村级会计委托代理服务的，代理机构应当按规定及时提供相应的财务公开资料，并指导、帮助、督促村集体经济组织进行财务公开。

村集体经济组织财务公开的具体任务一般由财会人员完成，村务监督委员会负责监督公开。

全面实行财务公开，是做好农村集体财务管理的重要环节，也是民主化、法治化建设的重要内容。坚持民主理财和财务公开制度，可杜绝村干部乱花钱和不合理开支等现象，增强农村集体财务管理工作的透明度。通过民主理财和财务公开，把集体的家底亮出来，打消了群众的疑虑，给群众一个"明白"，还干部一个"清白"，促进党群、干群关系的改善，促进农村稳定和农村经济的发展。

村集体经济组织财务公开内容包括以下内容。

① 财务计划。财务计划包括财务收支计划，固定资产购建计划，农业基本建设计划，公益事业建设及"一事一议"筹资筹劳计划，集体资产经营与处置、资源开发利用、对外投资等计划，收益分配计划，经村集体经济组织成员会议或成员代表会议讨论确定的其他财务计划。

② 各项收入。各项收入包括产品销售收入、租赁收入、服务收入等集体经营收入，发包及上交收入，投资收入，"一事一议"筹资及以资代劳款项，村级组织运转经费财政补助款项，上级专项补助款项，征占土地补偿款项，救济扶贫款项，社会捐赠款项，资产处置收入，其他收入。

③ 各项支出。各项支出包括集体经营支出，村组（社）干部报酬，报刊费支出，办公费、差旅费、会议费、卫生费、治安费等管理费支出，集

体公益福利支出，固定资产购建支出，征占土地补偿支出，救济扶贫专项支出，社会捐赠支出，其他支出。

④ 各项资产。各项资产包括现金及银行存款、产品物资、固定资产、农业资产、对外投资、其他资产。

⑤ 各类资源。各类资源包括集体所有的耕地、林地、草地、园地、滩涂、水面、"四荒地"、集体建设用地等。

⑥ 债权债务。债权债务包括应收单位和个人欠款，银行（信用社）贷款，欠单位和个人款，其他债权债务。

⑦ 收益分配。收益分配包括收益总额，提取公积公益金数额，提取福利费数额，外来投资分利数额，成员分配数额，其他分配数额。

⑧ 专项公开事项。专项公开事项包括集体土地征占补偿及分配情况，集体资产资源发包、租赁、出让、投资及收益（亏损）情况，集体工程招投标及预决算情况，"一事一议"筹资筹劳及使用情况，其他需要进行专项公开的事项。

目前，全国多地尝试了村务财务网上公开，常规的解决方案采用浏览器/服务器模式架构，按照县（区）、乡（镇）、村分级管理，在县级城域网中心集中部署，数据同步到市级城域网中心部署的服务器上。村级用户通过访问村务管理系统，实现对本村事务的管理。村级以上用户通过网络登录系统进行数据统计分析及数据上传，在网络基础条件不佳的乡村，还可以提供非网络条件下的单机版部署模式。

广东省财政厅已经按照财政部和广东省委、省政府的统一部署，进行了大规模"数字财政"建设，在数字政府的框架下共享数字政府建设成果，打造财政云平台，打造广东省"一片云、一张网"，做到数字财政系统全广东省"一盘棋"统规、统建、统管,实现省、市、县(区)、镇(街)四级全面覆盖,使每一笔财政资金都可以在系统上全流程追踪,提供安全平稳的财政管理信息化服务。

2."互联网+村民自治"

随着社会经济的发展,传统的乡村已由过去的封闭、单一稳步走向开放和多元,流动性的增强也让乡村内部存在一定程度的空心化和异质化。面对深度变迁的乡村,传统的乡村治理模式存在治理主体单一、缺乏有效监管、治理手段乏力、政社互动失衡等问题,明显不能应对新形势下的新挑战。党的十九大提出"健全自治、法治、德治相结合的乡村治理体系",为乡村善治指明了方向和路径。"互联网+乡村治理"能有效解决"三治融合"下流动村民不在场的问题,是推动政府治理、社会调节、基层群众自治,实现良性互动的重要平台和渠道。

村民自治可以通过吸纳农村精英进入农村公共管理系统,培养和造就一个既有领导才干又有公共精神的农村公共管理层。村民自治可以加强农村社会的稳定、团结与整合,促进农村经济的持续发展,传播公民文化。

目前,村民自治仍然存在一些问题,例如,民主选举不规范、村民参与民主决策程度低、村务管理工作未能完全落实民主管理等问题。同时,由于受到传统村务公开手段的影响,公开渠道不够畅通,公开的内容、形式、时间等方面存在不规范的情况,这给村民自治的推进带来了阻碍。

"互联网+村民自治"将互联网等新一代信息技术与村民自治结合起来,通过信息技术手段提升了村务管理的水平,提高了村民的满意度。网上村务公开可以将民主选举、民主决策等功能综合到网络系统平台,以实现民主选举的规范化、公开化、透明化。同时，网络平台扩大了乡村群众的参与度，增加了村民的参与度，网上村务公开也可以自然地实现对村务管理工作的民主监督。

以广西百色市德保县敬德镇暮洞村为例，该村将"互联网＋安全防控"延伸到村屯，增加了村民的安全感。该村充分利用公安机关"天网""地网""人网"工程和乡村振兴战略中的"雪亮工程"，在村庄的出入口、主干道、巷道等地安装视频监控设备。为了使视频监控布点安全实用，该村根据村里的地理位置情况，将视频监控点布置在村道路交叉口、邻村分界点等交通往来频繁、人流密集的地方，村干部通过视频监控实时掌握重点位置的情况。

同时，暮洞村还将"互联网＋政务服务"延伸到村屯，提升了村民的满意度，开通了"线上智慧暮洞"微信公众号。该微信公众号中设有党建引领栏目、四治融合栏目、便民服务栏目、留言区等，为村民提供实际有用、方便快捷的地方生活信息。村民通过扫描关注"线上智慧暮洞"微信公众号，即可了解当前的热点新闻和国家的最新惠民政策，以及村里近期的农情信息、招工信息等。

（四）基层综合治理信息化

近年来，党中央多次强调创新基层综合治理信息化管理，建立信息化平台，适应现代社会信息化蓬勃发展要求，更加注重运用信息化手段加强社会管理综合治理，实现基层农村社会平安稳定，人民群众更加和谐幸福。为了进一步优化基层综合治理信息化管理，各省各地区在法治乡村数字化、基层减负便民化、政务基层治理智慧化等方面创造了有利条件。

1. 法治乡村数字化

按照《乡村振兴战略规划（2018—2022年）》的总体要求，国家对实施乡村振兴战略做出阶段性谋划，健全落实社会治安综合治理领导责任制，健全农村社会治安防控体系，推动社会治安防控力量下沉，加强农村群防群治队伍建设。数字化手段不仅方便村民们参与乡村治理，也有助于工作人员提高效率，方便管理。

法治乡村数字化以互联网、物联网等网络多样化组合为基础，充分利用云计算、大数据、5G等新技术，助推基层治理现代化。聚焦人民群众在食品安全、生态环保、拆迁管理等领域产生的新需求、新问题，以信息化手段对现有资源进行整合、利用，科学配置资源，依法高效为群众解忧纾困，保证法治乡村建设的任务到位、责任到位。

2. 基层减负便民化

为了解决企业和群众办事资料重复填写、材料多次提交、走动次数多、办理时间长、办事求人，以及基层工作人员开具证明多、数据二次录入等问题，紧紧围绕"少填信息项、少报材料、少走现场、快速办理"的"三少一快"原则，以基层减负便民为目标，各地市开展了基层服务事项梳理优化和审批便利化改革，建设基层证明管理服务系统、移动民生平台等，深化电子证照、数据共享服务的应用，推行基层证明网上开具服务，让"数据跑腿"代替群众和基层干部跑腿。

3. 政务基层治理智慧化

当前，我国处于改革开放的攻坚期和深水区，社会管理领域面临一系列新情况和新问题，迫切需要深化改革，实现从传统社会管理向现代社会治理转变。

为了响应各级工作部署，各地政府通过深化社区党建、政务服务、民生服务、居民自治、身份认证等功能应用，以技术手段创新深化党员服务应用，调动居民参与社区治理的积极性，提供更多精准、主动、便捷的社区服务，持续优化用户体验，增强用户黏性。

（五）乡村智慧应急管理

乡村智慧应急管理主要包括乡村自然灾害应急管理和乡村公共卫生安全防控等内容。

为了提升自然资源动态监测预警能力，乡村自然灾害应急管理推进自然资源全要素综合监测，扩展自然资源动态巡查应用，充分运用大数据挖掘分析和深度学习技术，拓展业务覆盖的广度和应用的深度，推进乡村自然灾害隐患点可视化管理、精准统计、多维监测、智能分析和科学评估，实现地质灾害预警预报、远程会商、应急处置决策部署。

乡村公共卫生安全防控以基层卫生信息工程为基础，创新基层卫生信息管理的服务模式，推进基层卫生系统的信息化，加强基层医疗机构管理。基层卫生重点工作是整合现有资源，加强基层卫生管理信息平台建设，消除信息壁垒和"信息孤岛"，实现基层卫生管理信息跨机构、跨区域、跨领域互联互通、共建共享和业务协同。

1. 乡村自然灾害应急管理

① 提升综合风险监测预警能力。乡村自然灾害应急管理能力建设应充分运用大数据、云计算、5G等新技术，逐步建设全覆盖、全领域、全方位、全过程的应急管理全方位感知网络，实现重点场所、区域和台风、暴雨、地质、森林等不同灾种全方位动态感知，推进重大危险源监测预警联网，努力实现实时监测、动态评估和及时预警，提高监测数据动态获取和更新的速度，提升乡村运行安全预警能力。

② 完善预警信息发布体系。加快数字乡村预警信息发布和应急广播平台建设，充分利用智慧应急广播、移动指挥车、电视机顶盒、专用预警终端及手机App等现代通信设备与各类新媒体发布灾害预警，实现应急信息分类型、分级别、分区域（省、市、县、镇、村）、分人群地有效精准传播，实现重点时段、重要地区人群的预警信息精细快速定向发布。完善预警信息快速发布和传播机制，聚焦"短临预警"，提高监测预警信息服务的时效性，有效打通信息发布"最后一公里"，让群众做好相应的应急防范措施。

③ 建设一体化应急管理平台。分级别、分区域建设应急管理平台，包括应急指挥调度、应急协同、应急专题等应用系统的建设，同时绘制包含农村地区山区地质灾害、平原防洪抗旱、林区森林防火等在内的农村应急作战数字化地图，建立应急事件预警、指挥调度、善后恢复等全过程工作规程。同时，建设的应急管理服务平台可以互联互通，实现信息的交互、硬件的共享。

广东省充分利用应急管理部和广东"数字建设"公共支撑能力，通过应急管理综合应用平台，开展统一用户认证、电子印章、服务总线、地理信息、融合音视频等共同支撑能力建设，避免重复建设。大力推广应用应急指挥"一张图"、应急资源管理系统。统一标准搭建应急通信网络，实现指挥信息网和政务外网信息互联互通。

2. 乡村公共卫生安全防控

数字乡村应充分运用大数据、云计算、5G等新技术，建立主动性的公共卫生防控体系，解决乡村地域广阔带来的人员管理不便、公共卫生事件发现滞后等问题，引导村民开展自我卫生管理和卫生安全防控，构筑乡村公共卫生安全数字化防御屏障。建立统一的突发事件风险监测与预警信息共享平台，及时向群众传达最新的公共卫生政策和突发公共卫生事件进展等信息。

省级层面负责建设健康医疗大数据中心，实现跨业务系统数据融合，有效整合医疗运营的各类信息资源，实现医疗运营领域的全方位监测。整合公安、消防、医疗等领域的信息资源，通过多样化分析手段，实现全方位、立体化的公共卫生安全态势监测，提升综合疾病防控能力和公共卫生安全保障能力。

县级层面负责建设公共卫生信息采集平台，对医院、学校、村镇集市等重点防控区域的突发公共卫生事件进行实时监测。基于网格对重点区域的人员、物资等进行信息联动，综合监测重点区域的实时态势，对接地理信息系统和疾控、医疗、消防、应急等多部门现有的业务系统，对重点人员的数量、流向、地域分布、行动轨迹等信息进行可视化分析和研判。

以湖南省汨罗市雨坛村智慧乡村系统为例,该系统目前由"智慧党建"、乡村振兴、积分管理、疫情防控等板块构成,包含了党员联户、就业信息、重点人员管控等 10 余项功能。村民通过有效阅读宣传信息、完成改厕、疫情防控、实名认证国家反电信诈骗 App 等可以获取积分,系统根据村民获取的积分对党员、智慧管家等人员的工作进行评比,村民也可以凭积分在电商平台兑换物品。

第五章
信息惠民服务篇

信息惠民，即针对人民群众广泛关注和亟须解决的医疗、教育、社保、就业、养老服务等民生问题，利用信息化手段、信息共享和多部门的业务协同来提升政府公共服务和社会管理水平。

国家发展和改革委员会、中央机构编制委员会办公室、工业和信息化部等印发的《关于加快实施信息惠民工程有关工作的通知》指出，信息惠民工程实施要以解决当前体制机制和传统环境下民生服务的突出难题为核心，重点解决社保、医疗、教育、养老、就业、公共安全、食品药品安全、社区服务、家庭服务九大领域的突出问题。

实施信息惠民工程，可以实现信息化与民生领域应用的深度融合，进一步发挥信息化对保障和改善民生的支撑性和带动性作用。例如，"互联网＋教育"深入推动乡村教育信息化，丰富和完善农村中小学现代远程教育系统。"互联网＋医疗健康"完善了农村医疗，大力发展"互联网＋医疗服务"，远程医疗服务覆盖所有乡镇卫生院和有条件的村卫生室。智慧养老优化了养老资源，提高了养老服务的质量。乡村数字素养提升，加强了农民数字素养与技能培训，提升了农民数字技能。信息惠民服务的推进可以进一步缩小城乡、区域之间的信息基础条件差距，全面提升普惠化水平。

（一）"互联网＋教育"

随着当今科学技术的不断发展，"互联网＋教育"是互联网科技与教育领域相结合的一种新的教育形式。智能互联可以实现教育资源共享，利用大数据分析可以推动教学效率的提升。在推动乡村教育的过程中，"互联网＋教育"可以促进优质教育资源共建共享，扩大优质教育资源的辐射范围，已经逐步成为推动乡村振兴、教育公益的重要力量。

1. 乡村学校信息化

由于乡村学校特殊的地理位置，教育环境相较于城镇学校落后。随着互联网在农村的普及和发展，乡村的学校里逐渐有了计算机房，教室里配备了多媒体设备，例如，投影仪、电子屏、计算机等，打造了简易的多媒体教室。"互联网＋教育"模式在乡村展开，丰富了乡村学校的课程。

"互联网＋教育"为乡村学校打开了一扇新的教育大门，改变了传统的"围墙"式教育，为师生提供了一个开放式的学习平台，突破了时间和空间的限制，弥补了乡村教育的"消息鸿沟""地域鸿沟"和"数字鸿沟"。互联网可以让乡村学校体验到城市学校的教育资源，学生可以在课堂内外学习到丰富的网络课程，老师有更全面的备课资源，授课方式也更加智能化，有效地提升了教学质量和水平，推动乡村教育的创新。

"互联网＋教育"改变了乡村学校的教育模式，改变了老师和学生的角色定位，二者的界限不再严格分明。在传统的乡村教育模式中，教师和教材是知识的来源，具有极大的权威性。学生是知识的接收者，教师在课堂中扮演主导角色，控制课堂的发展，学生接收知识非常被动。"互联网＋教育"在乡村的应用，可以让学生自主获取教材知识，同时开阔眼界。在这种模式下，教师既是教育教学的研究者、知识的传播者，同时也是一个"学生"，也需要不断补充丰富与教材相关的知识。学生能够随时随地独立自主学习，自己制订学习计划，对学习结果进行自我评估，在课堂上提出更多的问题与教师探讨，在交流中成长。学生借助互联网可以看到外面的世界，看一看资讯、搜一搜时事、查一查史实，获取知识的方式不再只局限于教师的讲解,而是在此基础上有了自己的体会,例如,可以了解每篇课文的写作背景,从而体会到作者的心路历程。借助互联网,教师上课的方式也发生了转变,其授课形式多样化,与学生的互动性增强,师生之间的联系更加紧密。

2. 乡村远程教育

(1)学校远程教育

远程教育是学生与教师、学生与教育组织之间主要采取多媒体方式进行系统教学和通信联系的教育形式,是将课程传送给校园外的一处或多处学生的教育。在这种模式中,教师在主讲教室真实地讲课,讲课的画面可以通过互动录播系统实时传送到远端听课教室的互动大屏中;主讲教室内通过交互显示屏显示本地画面(教师画面、计算机画面)、远端教学点画面、互动输出画面和学生答题画面,方便教师实时把控整个课堂的进程,了解授课效果;教师可以通过交互录播系统与同学进行在线实时互动,真正实现教师与学生即时互动与学习交流。在互动过程中,教师可以实时观察远端听课的学生,与学生实时交流,为学生答疑解惑,让乡村学生享受到优质的教育资源。

对于教师来说,其可通过视频会议开展日常教研活动,在学校间、区域间互相交流经验,达到提高自身教学水平的目的。为了不流于形式,要将活动普及化,通过平台灵活快速地组织教师们进行评课和观摩,也可以让地区教育部门及校领导了解乡村教师的日常教学情况。

(2)居民远程教育

远程教育同样适用于村民。远程教育可以推动村级党组织的组织力提升，可以作为农村党员干部新的学习形式，加强宣传教育和管理服务，不断推进党员远程教育工作范围广覆盖、形式多样化、内容"接地气"。

远程教育也可以聚力村级集体经济高质量发展，推动产业振兴，吸引人才返乡，推动人才振兴，逐渐形成"远程教育＋人才振兴、远程教育＋产业振兴"模式。指导各村结合实际情况，修订完善本村的产业规划，采用群众一听就懂、一看就会的方式进行学习，例如，可将种养大户发展为远程教育示范户，传授致富经验，帮助村民发展产业，不断提升远程教育工作整体水平及学习和使用的效果，增强群众致富本领，为产业振兴注入一剂强有力的助推剂。

近年来，乡村的农业、种植业、渔业等产业发展迅速，各种现代化设备不断应用到这些产业中。村民可以通过远程教育学习新的知识，学习设备的使用方法，也可以通过视频会议远程进行技术培训，更快地融入信息化的潮流。

（二）"互联网＋医疗健康"

"互联网＋医疗健康"主要包括农村医疗机构信息化、乡村远程医疗、乡村公共卫生安全防控等内容，是将互联网等信息技术与传统医疗健康服务深度融合而形成的一种新型医疗健康服务业态，通过开发新的医疗健康应用、创新医疗健康服务模式，解决区域医疗资源分布不平衡、不充分的问题，为乡村地区带来优质的医疗资源，提升乡村医疗服务的普惠性和通达性。

1. 农村医疗机构信息化

通过农村医疗机构信息化建设，建立新型农村合作医疗（以下简称"新农合"）各级网络平台，逐步建成以省、县两级平台为主，多级业务网络并存的模式。省级信息平台是全省新农合管理信息系统的核心部分，为各地新农合信息系统提供数据交换、存储、备份等功能，也是联系全省各级新农合信息网络的中心平台。市级信息管理平台通过省级平台建立本辖区虚拟信息管理平台。县级平台实现新农合业务的审核、报销。各县级节点单独承担本县的新农合业务，县级节点之间没有数据交换和应用交互。

农村医疗机构信息化的主要形式包括村医工作站、人工智能（Artificial Intelligence，AI）移动医生系统等。

① 村医工作站。村医工作站展示村医最近的工作内容（例如每日门诊量、用药情况等），方便医生快速定位当前的工作与重点工作；对门诊挂号、诊中患者、诊后患者管理进行集中展示，快速定位患者信息，完成智慧化的接诊管理；支持多模态录入患者病历信息，例如，智能问诊、联想输入等。在所有病历信息录入完成后，AI智能地对患者病历信息进行质检，并对规范的病历做诊断质检、诊断推荐。AI的深入运用，提高了基层的诊疗质量，也可以使医生根据患者症状，为患者开具相应的药方或开展相应的治疗，并生成收费单据。便捷的收退费管理方式帮助村医以更现代化、科学化、规范化的手段来加强管理，从而提高工作效率。

② AI移动医生系统。AI移动医生系统主要通过可移动的手机端进行医院事务的管理，通过多种方式登录系统，进行海量药品、疾病字典、教

科书指南资源等的医学检索，同时支持患者历史病历查询等功能。AI 移动医生系统也可以利用全能智能语音助手进行查询、统计、提醒、日常问答；通过 360 度视图，进行患者全景诊疗数据展示，方便医生掌握患者的个人信息、就医历史、检查检验结果等全方位的信息。

2. 乡村远程医疗

根据国家远程医疗的总体规划，村卫生室建设村级远程医疗点，配备远程门诊或会诊终端，提交远程医疗服务申请，接受远程医疗服务。利用新一代信息技术，接入远程医疗平台，建设县、乡、村三级远程诊疗体系，提升村卫生站的医疗服务水平和能力。

乡村远程医疗不仅让村镇卫生院赢得了信任、留住了病人，更为百姓减轻了因看病而奔波的负担，切实解决了乡村看病难的痛点问题。村卫生室远程医疗点建设包括以下内容。

① 接入市/县级远程医疗平台。为了开展远程医疗活动，村卫生室需要接入市/县级远程医疗平台，调用市/县级远程医疗平台远程会诊、远程门诊、远程预约、远程教育等服务功能，支撑远程医疗服务。

② 村卫生室远程医疗点基础环境建设。根据村卫生室的实际业务需要，配备村卫生室远程医疗点的基础环境，具体包括远程门诊室等。

③ 村卫生室远程医疗点配套硬件设施建设。根据村卫生室的实际业务需要，配置村卫生室远程医疗点配套硬件：一是一体化工作站，包含高清摄像头、音响、耳机、麦克风等；二是数字化医疗设备,配置便携式随诊包等；三是开通医疗业务专网，提供不低于 10Mbit/s 的稳定宽带服务。

3. 乡村公共卫生安全防控

公共卫生安全是指社会公众免遭突发公共卫生事件威胁的状态，通过预见性制度安排及时有效的行动，确保人民群众生命安全和身体健康免受威胁的能力状态。乡村公共卫生危机治理是社会治理的一个薄弱环节，需要全社会投入更多的关注和研究。

在基层农村的疫情防控中，通过"数字乡村"工程建设"大喇叭"，让防疫知识"听得清"；结合"乡村摄像头"，让防疫布控"看得见"。"大喇叭"不仅可以在全村播报防疫通知，宣传防疫知识，也可以选择在某个场所单独播报，有效提升了宣传的便捷度。另外，"大喇叭"还能结合"乡村摄像头"实现实时喊话，如果发现人员聚集的情况或是村民未落实戴口罩等防疫措施，直接喊话对其进行提醒，真正将高科技的数字化能力转化为防疫新型战斗力，筑牢乡村常态化疫情防控"安全线"。通过信息化、大数据给予乡村公共卫生安全技术支撑，实现精准防控。

（三）智慧养老

《"十四五"国家老龄事业发展和养老服务体系规划》强调，我国老年人口规模大，老龄化速度快，老年人需求结构正在从生存型向发展型转变。近年来，随着互联网技术的快速发展和普及，智慧养老成为中国老龄事业与产业发展的方向之一。人们正在通过新一代信息技术优化养老资源，提高养老服务的质量水平。

面对留守老人不能得到及时照顾的现象，智慧养老通过建设面向居家老人、社区及养老机构的传感网系统与信息平台，远程监控老人的生活，监测老人的健康，提供实时、快捷、高效、低成本、物联化、互联化、智能化的养老服务。

1. 远程监控老人生活

物联网"智慧养老"是利用物联网技术，通过各类智能传感器告知家人，使老人的日常生活处于远程监控状态。例如，老人不慎摔倒，会触发地面的智能安全传感器，智能安全传感器因和老人家人的手机相连，会立即通知老人的家人；厨房的燃气/煤气长时间开启但未识别到人的活动行为，安装在厨房里的智能报警传感器就会让系统发出警报，如果报警后在一定时间内仍无人响应，则自动开关阀门触发燃气/煤气开关传感器，使其自动关闭；老人住所内的水龙头连续 24 小时未开启过，会触发报警系统，并通过电话或短信提醒老人亲属或看护人员，便于及时查看老人所处的状态。

2. 健康监测

"智慧养老"不仅将时刻保护老人的安全，还能全方位监测老人的健康状况。例如，借助手腕式血压计、手表式全球定位系统（Global Positioning System，GPS）等，不仅能随时随地监测老人的身体状况，还能知晓老人的活动轨迹。

如果老人想进行娱乐休闲活动，系统则会告知老人当天的电视节目、社区开展的活动等。如果家中房门上安装了娱乐传感器，当老人进门时，便会自动播放老人喜欢听的音乐，并适时调节室内的暖气温度和灯光亮度。

3. 智能腕表

智能腕表可随时监测佩戴人的血压、血氧、心率等基本健康数据，设有一键呼救、亲情拨号等简易操作功能，可以为老人提供安全保障。智能腕表还可以通过移动互联网将监测数据云同步至老人亲属、社区卫生服务中心的终端设备。

（四）乡村数字素养提升

数字技术对乡村振兴发挥了促进作用，这既离不开农村基础设施的提档升级，也离不开村民数字素养的提升。只有村民不断增强对数字时代的适应能力，不断利用数字化解决问题，数字技术才能真正赋能于人，数字化在农村经济、社会、文化中的积极作用才能得以充分发挥。

新时代城乡"数字鸿沟"问题正从基础设施差距转向数字素养差距。近年来，我国乡村基础设施加速数字化、网络化，村民在数字化基础设施环境和网络接入条件方面与城市居民的差距迅速缩小。虽然城乡数字化基础设施方面存在的"鸿沟"正在逐步收窄，但是城乡居民在数字素养方面仍存在差距，构成不容忽视的"数字素养鸿沟"，这或许会成为新时代城乡"数字鸿沟"问题的主要矛盾所在。

村民数字素养的培育，应融入数字乡村建设顶层设计，从乡村发展战略的高度进行统筹规划、因地制宜、系统实施。计算机是数字时代重要的生产力工具，也是数字化转型和乡村振兴的基础战略工具。针对村民个人计算机使用能力不足、数字化增收能力差等短板，建议面向农村推广个人计算机设备与多样化的数字服务。对村民购买数字设备与数字服务，应采取支持和鼓励政策，从而促进村民接入和使用互联网，从事创造性、生产性活动，切实提升村民的数字素养和收入水平。同时，地方政府可以联动相关机构和厂商，通过宣传引导、组织培训等方式，培养村民使用数字设备与数字服务致富的意识和技能，切实提升村民的数字素养。目前，我国已有部分乡村成功通过数字化振兴经济，其中不乏一批贫困乡村凭借数字化这一有力工具成功脱贫。

第六章
乡村网络文化篇

06

习近平总书记强调，乡村振兴是包括产业振兴、人才振兴、文化振兴、生态振兴、组织振兴的全面振兴。振兴乡村网络文化是高质量建设乡村文化的应有之义，有利于进一步改善广大农村的精神风貌，丰富村民的精神文化生活，弥合城乡在文化资源领域的"数字鸿沟"。

工业和信息化部、科学技术部、住房和城乡建设部、商务部、国家乡村振兴局等部门联合制定了《数字乡村发展行动计划（2022—2025年）》（以下简称《行动计划》）。《行动计划》指出，乡村网络文化建设要"筑牢乡村网络文化阵地"，提升网络优质内容供给，加强对农村地区网络文化内容监管；要"推进乡村文化资源数字化"，加强农村文物资源数字化保护及乡村文化数字化展示；增加优质内容供给，完善县级融媒体中心功能，支持"三农"题材网络文化优质内容创作，鼓励各地依托当地乡村特色、风土人情、文化习惯打造符合农村居民文化习惯的优质内容；要做好网络文化引导，加强网络视听节目管理和国家宗教政策宣传普及工作，依法打击农村非法宗教活动及其有关组织的渗透活动；加强网络巡查监督，遏制封建迷信、攀比低俗等消极文化的网络传播，预防农村少年儿童沉迷网络。

（一）农村网络文化阵地

1. 主流思想网上传播

农村地区是主流意识形态传播的关键阵地，需要在乡村振兴视角下对主流意识形态传播的现状、缘由、路径加以审视。当前，农村地区主流意识形态传播存在受众多元化、内容宽泛化、形式单一化等问题。因此，要想提升主流意识形态在农村地区的传播效果，必须区分群体，进行分类传播，扩大受众的覆盖范围；围绕农民切身话题，增强传播内容的针对性；正面引导网络舆论，打造有序的传播空间。

沿用传统媒介传播主流意识形态难以满足农民群体多元化的信息需求，农村主流意识形态传播主要依靠广播、电视、墙壁宣传等传统媒介，广播大多是用来下发通知的，电视节目大多是用来推介商业信息的，节目定位和内容与主流意识形态缺乏内在关联，墙壁宣传传递信息有限，且缺乏灵活性、针对性，难以激发农民群体特别是广大年轻人的兴趣。另外，新型媒介利用不足，主流意识形态在农民群体中的话语权和影响力不足。微信群仅停留在政策通知层面，农民成为被动的信息接收者。在抖音、快手等新兴媒介方面，农民群体较为主动，在运用智能手机进行娱乐消遣时，辨别力较低，广泛转发标题亮眼、内容品质不高的短视频，较少关注主流意识形态的内容，如果任其发展，则会影响和冲击主流意识形态传播的网络阵地。

在农村进行主流思想网上传播时，当地部门可以结合重大纪念活动进行故事讲述，利用微信公众号和抖音、快手等短视频平台进行宣传，例如，借助2021年中国共产党成立100周年的契机，做好革命先辈典型事迹、精神力量、道德品质的挖掘与宣传工作，或围绕党史上的重大事件进行解读，使村民感受到创造美好生活离不开党的领导，增强其对党的执政认同与信心。另外，基层组织还可以坚持"身边事教育身边人"的原则，运用村民身边的典型人物、典型事件进行宣传，特别是通过生活条件的今昔对比，引导村民认同党的路线方针政策。

在农村地区，网络空间已成为农民群体生产生活的新空间，占领网络空间阵地是主流意识形态传播的必然之举。一是基层组织要主动深入自媒体空间，传播正能量。基层组织除了发挥电视、广播等传统媒介的优势，还要在村民微信群中发布官方新闻以提升村民辨别是非的能力，要在抖音、快手等短视频平台上主动发声，传播主流声音，提升村民对官方信息的认同与信任。二是要鼓励农民创作主旋律作品，弘扬真善美。农村地区智能手机的广泛普及是挑战，也是机遇，关键在于如何引导。基层组织可以举办以重大纪念活动为主题的自媒体作品大赛，将物质激励与精神鼓励相结合，定期在村里举行展演活动，提升村民参与的主动性与积极性，在潜移默化中使主流声音入脑、入心、入行，提升主流意识形态传播的趣味性和时效性。

2. 县级融媒体中心

在 2018 年 8 月召开的全国宣传思想工作会议上，习近平总书记明确提出，要扎实抓好县级融媒体中心建设，更好引导群众、服务群众。这为县级融媒体中心的建设发展提供了依据。

2019 年 1 月，中宣部和国家广播电视总局联合发布的《县级融媒体中心建设规范》指出，县级融媒体中心应按照"媒体+"的理念，从单纯的新闻宣传向公共服务领域拓展，增强互动性，从单向传播向多元互动传播延伸，将媒体与政务、服务等业务相结合，提供多样化的综合服务，满足用户多样化的需求，开展"媒体+政务""媒体+服务"等业务。

建设及发展县级融媒体中心，不是单纯地整合县域内的网站、广播电视、微博、微信公众号、移动新闻客户端、报纸等媒体，不是简单地将新媒体和传统媒体拼凑、组合起来,而是要将报刊、电视、广播等和依托互联网的新兴媒体有效结合,利用多样化的传播形式与渠道,向受众广泛传播新闻资讯等信息,从而构建起宣传互融、内容兼融、资源通融的新型媒体。

县级融媒体中心主要承担政务服务、公共服务、商务服务3类功能。

① 政务服务主要是为政务服务部门和基层群众搭建政府服务事项宣传、申请和处理等服务。对政务服务单位而言,通过安排专人做客融媒体中心,为基层群众解读各项政策疑问,促进政策制度内容在基层的宣传教育效果。对群众而言,通过融媒体中心与政务服务部门进行直接交流,或通过融媒体中心获得更专业、更全面的政务解读,可以提高政务事项申请与办理的效率与效果。在5G技术的支持下,一些县级融媒体中心将政务服务功能延伸到村一级,村民可以通过App、微信公众号等平台进行服务预约和办理,真正缩短了政务服务的流程和时间。

② 公共服务是融媒体中心利用自身的平台整合服务供给资源,为基层群众提供综合性的公共服务支持,使群众可以通过中心平台获得教育、医疗、养老等方面的公共服务。与政务服务不同的是,公共服务主要连接的是公共服务组织或机构与基层群众之间的关系。群众可以通过平台的相应功能选择来获得专属的公共服务,解决自己在生活中遇到的问题。部分地区县级融媒体中心开发的App可以为用户提供民生新闻、便民支付、医疗服务、健康养老等各类公共服务功能,并且公共服务的供给者可以根据用户的需求在平台上自主开发新的功能入口,不断为用户提供相应的公共服务功能。

③ 商务服务是融媒体中心为推广商家产品或服务及消费者进行商务服

务购买提供直接的对接平台，满足商家推广和消费者消费双向需求的功能模块。在实际的商务服务过程中，融媒体中心为商家提供产品或服务推广的平台，并对商家进行质量方面的管理，保证平台商家以优质、专业的服务来赢得用户的持续关注和支持，从而实现平台商务服务的专业化、精细化。县级融媒体中心的商务服务与商家自身开发的App或平台店铺不同，其主要是借助媒体自身的流量和流量转化优势来实现短期内的产品或服务推介，提高品牌的知名度和影响力。

目前，县级融媒体中心建设出现了各类特色案例。甘肃省玉门市融媒体中心构建"一中心四系统+'爱玉门'App"，着力打造玉门区域内官方权威的主流媒体，形成新旧媒体协同的格局。凭借一套广播和一套高清电视频道的制播能力，以及5套广播节目、15套无线数字电视节目的传输能力，让传统媒体再焕生机，整体推进"爱玉门"App、微信、微博、抖音等，打造新型媒体集群，平台的用户数快速增长，影响力不断提升，极大地拓展了网络媒体的广度。北京市丰台区融媒体中心推出社区微直播，聚焦百姓生活，以文化为媒，传递正能量，把2020年的新春灯会改办成"网上看花灯"线上活动，举办当天的网络直播和短视频吸引了2000多万人次观看、点赞。在2020年新型冠状病毒感染疫情防控期间，昆山市融媒体中心推出《众志成城 战"疫"必胜》《"防输入"丝毫不松懈，"防扩散"一点不懈怠》等宣传策划，"昆山发布"和"第一昆山"微信公众号推送了1000余篇文章，阅读量超过千万人次。海安市融媒体中心通过新媒体、广播、电视、报纸梯度推送、全面覆盖，刊播动态宣传及知识普及、典型报道等内容1000多篇，累计浏览量达200多万次。

3. 乡村特色文化宣传

随着互联网技术的迅速发展，我国文化产业、经济领域等有了明显的改变。传统文化产业面临转型升级，在此基础上，若是能够加大力度发展当地特色文化，则可能会产生更多的文化效益和经济效益。我国历史悠久，幅员辽阔，各个地方都有着独特的文化，特色文化产业发展前景十分广阔。借助互联网技术，地方特色文化能够实现数字化发展，积极推动当地文化的传承与发展。

地方特色资源分布一般呈广泛性、零散性特征，有些特殊资源无法直接获取，需要花费时间和精力收集整理。对此，可以利用捐赠、借阅、购买、观摩等方式收集资源。互联网的迅速发展使人们越来越习惯用网络获取信息，地方特色资源来源广，人们可以通过地方政府网站、网络论坛、专业贴吧等渠道获取，也可以检索专业数据库，从中获取资源。此外，对于新开发的资源要注意跟踪保存，实时更新信息平台资源，进而推动地方特色文化数字化建设，完善信息平台。

各地区在开展地方特色文化数字化建设时，需要统一制定建设标准，并根据标准开展各项工作，这样才能够确保数字化资源平台实现共享，且能够得到全面发展。地方特色文化数字化建设是一个长期的过程，特别是共享平台涉及多种因素，必须建立统一的工作准则，使数据库能够与互联网和计算机的发展相符。各地区将整理好的地方特色文化内容与网络推广相结合，建设具有时代性的特色地方文化，以形成品牌，深度挖掘当地的非物质文化遗产，对其进行创新融合，开发出新型的文化产品，打造特色文化品牌。

在特色文化数字化建设中,各地区需要将文化资源整合起来,结合地方特色地理环境,以及历史文化和旅游景点,充分挖掘现有的信息资源,丰富当地的文化特色。在打造地方特色文化时,各地区需要保证文化企业质量,整合文化资源,利用微信公众号、官方网站、地方微博等渠道将其录制成视频、拍摄成照片、制作成链接发布到网上,让其他人能够了解地方特色文化,加强各产业之间的联合,构成特殊"一条龙"文化产业,建设满意度高的地区特色文化。

4. 农村基层文化服务机构信息化

在科学技术日益发展的信息化时代,人民群众的文化需求呈现出个性化、多元化的特点。为了适应这一发展需要,为广大群众提供"精神文化食粮",许多地方出现了数字图书馆、"文化馆+"等新的发展模式,使公共文化服务方式、服务范围、服务内容、服务路径等发生了巨大转变,颠覆了基层公共文化的传统服务模式,形成了移动化、数字化发展的特点,为整合与利用现有文化资源提供了便利,为拓展各类基层文化服务机构的服务提供了可能。

群众文化资源丰富多彩,但这些资源在过去比较分散、整合不易、共享困难。基层文化服务机构的数字化,可以使各地的群众文化资源汇集于互联网,从而实现资源共享,达到相互学习、相互借鉴的目的。基层文化服务机构是各地非物质文化遗产保护的主力军。随着各地非遗保护工作的深入开展,全国各地的非遗项目成为基层文化服务机构特色文化的重要内容和共享资源。许多非遗项目在互联网的作用下,在不同地区得到传承与普及。

新型冠状病毒感染疫情防控期间的文化馆数字化服务就是有力的证明之一。陕西省文化馆"百花"信息交流平台、汉中市群众艺术馆、汉中市民间文艺家微信群和下设各县区文化馆的微信公众号、文化站信息平台线上发布丰富多彩的群众文化活动信息，举办了形式多样的网络群众文化培训课和体验活动。信息化的文化活动打破了传统群众文化活动的时空限制，填补了群众文化活动的空白，体现了农村基层文化服务机构信息化的优势。

以汉中市群众艺术馆为例，它在新型冠状病毒感染疫情防控期间，开启公共文化数字化服务，每天坚持微信公众号消息推送，并根据实际适时设置了"群众文艺""在线展览""在线课堂""非遗助力""服务链接""文化交流"等栏目，丰富了疫情防控期间群众的生活。同时，在巩固、提升微信公众号运行的基础上，汉中市群众艺术馆着手进行网站、微博、抖音等平台的完善和推广，探索多元化的数字化服务及宣传工具，逐步打造具有传播力、影响力的宣传矩阵。

地方文化馆（站）可以借助资源优势，对现有资源进行有效整合，建立具有地方特色的文化资源数据库，推出丰富多彩的文化活动内容，实施有针对性的网络文化服务。

在建设数字文化馆、实施"文化馆+"的基础上，各文化馆（站）可以通过互联网开展艺术培训、创作辅导、网上活动、非遗展示、宣传教育等寓教于乐的文化活动，培养群众文化艺术骨干，陶冶广大群众性情，提高人民群众的文化艺术欣赏水平，发现并培养非遗文化传人，进而推动整个文化事业的发展。

（二）乡村文化资源数字化

乡村文化资源数字化是通过信息技术采集农村风土民情、非遗资源、文物遗址等文化资源信息，以数字化形式进行资源存储、管理、分析、利用、展示，实现乡村传统文化的保护与广泛传播。乡村文化资源数字化有利于传播乡村文化，有利于乡村文化中非物质文化遗产的传承，让乡村文化更多彩。乡村文化资源数字化主要包括农村数字博物馆、农村文物资源数字化、农村非物质文化遗产数字化等。

1. 农村数字博物馆

我国传统村落的物质或非物质文化遗产都具有一定的历史价值、文化价值、艺术价值和经济价值，是农耕文明集体记忆的见证。我国历史文化名镇名村保存的文物特别丰富，具有重大历史价值或纪念意义，能比较完整地反映一些历史时期的传统风貌和地方民族特色。这些是我国优秀传统文化的凝结，利用数字技术"复现"乡村文化，既能有效助推艺术创作和乡村文化的新表达，又能为乡村旅游注入新活力。

进入信息化时代，以数字空间为基础的数字博物馆应运而生。数字博物馆是运用虚拟现实技术、三维图形图像技术、计算机网络技术、立体显示系统、互动娱乐技术、特种视效技术等高科技手段，将现实存在的实体博物馆以三维立体的方式完整地呈现在网络上的博物馆。农村数字博物馆通过信息技术手段对传统村落资源进行挖掘、梳理、保存、推广，以网站、App、微信小程序等形式建设数字博物馆平台，集中展示村落的自然地理、传统建筑、村落地图、民俗文化、特色产业等。

自 2012 年起，我国先后分 5 批将 6819 座村落列入《中国传统村落名录》。针对入选《中国传统村落名录》的村庄，依托中国传统村落数字博物馆平台，建设传统村落单馆，以文字、图片、影音、三维实景、全景漫游等形式，集中展示传统村落的概况、历史文化、环境格局、传统建筑、民俗文化、美食特产、旅游导览等信息。

2017 年，住房和城乡建设部办公厅印发《关于做好中国传统村落数字博物馆优秀村落建馆工作的通知》，正式启动中国传统村落数字博物馆建设工作。2018 年 9 月，"中国传统村落数字博物馆"（计算机端）正式上线，这是全国首个以数字影像的方式全方位、多角度记录村落文化遗产的官方平台。截至 2020 年，近 400 座村落实现全景网络漫游，展示内容包括 100 万字以上的文字介绍、56 万张以上的图片、1.6 万分钟的音视频，覆盖 4.3 万栋以上的传统建筑和 7500 项以上的非物质文化遗产数据。截至 2021 年，全国传统村落单馆数量达 513 个，实现全国除港澳台之外的 31 省（自治区、直辖市）全覆盖，6819 座传统村落都拥有了自己的二维码，配上了"身份证"，线下也可"扫一扫、尽知晓"。中国传统村落数字博物馆页面如图 6.1 所示。

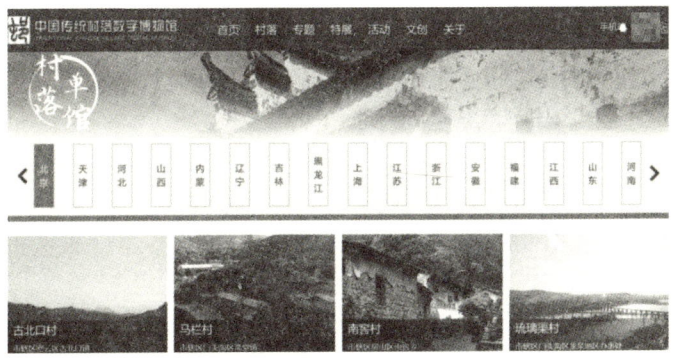

图 6.1　中国传统村落数字博物馆页面

农村数字博物馆的建设，向国内乃至世界展示了我国农村文化的魅力，让观众在线感受文化赋予的力量，并推动农村数字博物馆资源的创造性转化和创新性发展。

2. 农村文物资源数字化

农村文物资源数字化是利用数字技术对农村文物资源进行全方位的数据采集，为每个文物建立一个虚拟模型，让群众可以在线上通过视频播放的形式参观文物。群众可以对自己想要了解的文物进行信息查询，全面了解其存在的时间及参数等，在家即可获得精神与文化的满足。

农村文物资源数字化包括数字化采集与数字化展示。数字化采集指应用信息技术将农村文物的自然属性信息与人文属性信息加工为图文、视频、3D影像资源。数字化展示指对采集成果进行故事化加工创作，通过各类网络平台对外宣传展示。例如，昌黎县对源影寺塔及附属物、贵贞楼、韩文公祠、赵家老宅、双阳塔、水岩寺、烈士陵园、高公亭、垂花门等重要文物古建筑进行数字化信息采集，并对省级以上文物保护单位的文物进行扫描，制作三维模型，实现文物资源的数字化管理，为加强文物保护、管理、利用及建设数字博物馆奠定基础。文物数字化示意如图6.2所示。

图6.2 文物数字化示意

当前，文物数字化保护理念已成为国际文化遗产保护的共识。乡村文物数字化对记录展览、保存、研究和复原乡村文物具有极其重要的作用，而农村文物资源的数字化保护，可以助推乡村旅游事业的发展。

3. 农村非物质文化遗产数字化

非物质文化遗产是一个国家和民族历史文化成就的重要标志，是优秀传统文化的重要组成部分。为了保护传统手工艺，发掘乡村非物质文化遗产资源，住房和城乡建设部等七部委联合开展传统村落调查挖掘工作，挖掘和保护我国优秀的传统村落文化遗产。

农村非物质文化遗产数字化是对农村地区传统口头文学及文字方言、美术书法、音乐歌舞、戏剧曲艺、传统技艺、医疗和历法、传统民俗、体育和游艺等非物质文化遗产进行数字化记录、保存与宣传展示，实现农村非物质文化遗产的数字化留存和传播。

文化和旅游部充分利用网络平台，大力支持农村地域特色文化、优秀农耕文化、优秀曲艺等的传承发展，取得了显著成效；支持举办非遗购物节；联合网络平台举办"云游非遗·影像展"，将非遗传承记录影像、非遗题材纪录片搬上网络进行公益性展播；举办全国非遗曲艺周、第六届中国非物质文化遗产博览会等活动，通过线上集中展播、展览等方式，让广大农民群众足不出户领略非遗魅力。"云游非遗·影像展"海报如图6.3所示。

非物质文化遗产是乡村文化"活"的灵魂，数字技术的融入有效地消除了非遗文化等传统文化资源与现代技术之间的"鸿沟"与隔阂，可以更好地吸引年轻群体参与到传统文化的感知与体验中，提高全社会非物质文化遗产活态保护发展意识，从而促进非遗文化的传承与发展。

图 6.3 "云游非遗·影像展"海报

（三）"三农"网络文化创作

"三农"网络文化创作是指以"三农"为主题，支持内容创作者开展文艺创作，推出一批具有浓郁乡村特色、充满正能量、深受村民欢迎的网络文学和网络视听节目，这是文艺创作的重要内容。推动"三农"网络文化创作的可持续发展，将极大地促进乡村文化传播、乡村经济振兴及产业转型。

"三农"网络文化创作将优秀的乡村文化以文字、图片、音视频等广大人民群众喜闻乐见的形式进行传播推广，传承不同地区的乡土文化、民间风俗和乡村美食。例如，由浙江广电集团和中国美术学院联合出品的大型人文纪录片《中国村落》，聚焦中国传统村落，不仅描述了乌镇、香格里拉等著名的村落，还深度挖掘了内蒙古莫尔道嘎太平川、丹巴藏寨等不为人知却又极富特色的村落，同时还触及了乡村改造的现实问题，极大地促进了乡村文化的传承与振兴。

"三农"网络文化创作更多依赖于广大人民群众。随着移动互联网的发展，短视频的市场规模持续扩大，短视频支农兴农事业前景广阔。创作日常生活、民间文化、乡村环境、农业生产等类型的"三农"短视频，不仅能够向广大群众传播乡村文化，还能使普通村民通过专家创作的视频内容，低成本地学习先进的农业技术。相关部门联合多个网络平台开展"三农"网络文化创作激励计划，扶持"三农"内容创作，从多维度展现农村生活，助力乡村振兴。

县级层面应充分发掘优秀"三农"题材作品，建设"三农"题材网络文化资源库。随着融媒体时代的到来，媒体融合逐步进入纵深发展阶段，5G网络、人工智能、物联网等新兴技术的革新推动着媒体融合生态系统的重构与演变，这也为"三农"网络文学和网络视听节目提供了有效的推广平台。"三农"网络文化创作可以通过县级融媒体中心自有数字渠道进行推广，并与合作的社会数字平台（电商、社交、短视频等平台）进行有效对接。这样一是能够通过互联网平台对乡村文化进行有效推广，二是可以通过"三农"网络文化形成辐射效应，打造"三农文化+电商""三农文化+旅游""三农文化+社交"等新的产业模式，完善相关产业链，带动乡村经济发展。

"三农"网络文化创作在发展过程中难免会因市场因素的参与而表现出参差不齐的发展形态，这是不可避免的，因此，在"三农"网络文化作品的创作过程中，需要注重正确方向的引导和监督。"三农"网络文化作品不乏优质内容，但部分创作者为了吸引眼球和流量，创作粗俗甚至低俗的内容，使作品仅仅停留在被消费的层面，不利于优秀乡村文化的传播和正面乡村形象的构建。为了解决这一问题，需要加快搭建数字化"三农"网络文化创作平台，加强内容审核，激励优质内容创作，同时通过大数据分析等相关技术，完善推送机制，基于优质内容创作者的技术支撑和流量扶持，建立完备的"三农"网络文化发展体系。

（四）乡村网络文化引导

1. 整治互联网非法传教活动

互联网普及后，互联网非法传教日益严重。近年来，非法传教组织给社会稳定造成了一定的影响，给很多家庭带来巨大痛苦。我们必须使广大同胞认识到非法传教的巨大危害，同时采取有效手段遏制互联网非法传教活动，维护社会稳定、和谐发展。

整治非法传教活动可以通过建设"网络大课堂"，开设线上线下课程宣讲的方式进行。"网络大课堂"可以宣传党和国家关于宗教的政策方针，普及相关法律知识。群众可以通过移动端学习课程，课程应采用短视频等形式，使群众在轻松愉快的氛围中获取知识。群众学习课程和参加考试后可获得积分，通过奖励积分、积分排行榜、积分变现等增强参与感。课程内容应多多列举网络非法传教的案例，鼓励群众在遇到非法传教情况时积极向公安机关举报。

2. 清理网络空间违法和不良信息

近年来，随着网络和智能手机的普及，封建迷信、攀比低俗等消极文化和不良信息、违规信息充斥着网络，对未成年人的心理健康造成极大的危害。在广大农村地区，由于留守儿童等问题，青少年和儿童未能得到足够的关注和监督，受网络不良信息的影响更大。

未成年人是祖国的未来，他们的心智健全程度关系着国家未来的发展，遏制网络不良信息的传播迫在眉睫。

加强农村网络设施建设，利用互联网宣传中国特色社会主义文化，宣扬地方民族特色。通过"智慧大屏"等设施开展名著导读、文化讲堂等宣传，播放具有教育意义的影视作品。提升青少年的民族荣誉感和社会责任感，使其自主远离网络不良信息的侵扰。

加强网络监管，建设网络监管平台，通过技术手段监测网络不良信息，一旦发现类似内容立即进行屏蔽，提示用户正在浏览违法不良信息并溯源，将相关溯源信息提交至公安机关处理。督促监护人将上网设备设置为未成年人模式，系统自动启动保护机制，防止未成年人沉迷网络。

第七章
智慧绿色乡村篇

07

智慧绿色乡村是指以现代先进的信息通信技术为依托，以提高村民的生活水平和建立智能化生产、生活价值体系为目标，创造集农业绿色生产、乡村绿色生活及农业生态保护为一体的多功能业态环境。

推进我国智慧绿色乡村发展，对于缩小城乡发展差距，促进农业农村高质量发展，推动乡村内生发展，实现乡村振兴，具有重要意义。

（一）农业绿色生产

农业绿色生产是将农业生产和环境保护相协调，利用信息化手段提升农产品质量安全追溯能力和农业投入品追溯监管能力，在保护环境、保障农产品绿色无污染的同时，促进农业发展和农业增收。

2017年9月，我国发布了第一个农业绿色发展文件《关于创新体制机制推进农业绿色发展的意见》，指出要进一步加快农业现代化，促进农业的可持续发展。近年来，从中央到地方都在坚持质量兴农、绿色兴农，农业绿色生产是我国农业现代化的重要方向，是生态文明建设的重要举措，也是农村绿色发展理念的重要体现。

2020年3月，国家发展和改革委员会及司法部联合印发了《关于加快建立绿色生产和消费法规政策体系的意见》（以下简称《意见》）。《意见》指出，以绿色生态为导向，创新农业绿色发展体制机制，开展农业绿色发展支撑体系建设，创新技术体系、健全标准体系、延伸产业体系、强化经营体系、完善政策体系，为农业绿色发展提供保障。

农业的绿色发展越来越受到政府的重视和社会的关注，农业绿色生产的可持续发展，可以在保护环境、保障农产品绿色无污染的同时促进农业发展，增加农民收入，实现农业生产、生活、生态的协调统一。

加快农业绿色生产，推动农业活动可持续发展，是未来农业农村发展的必然方向。没有绿色的生产工具、绿色的生产方式及绿色的生产理念，将难以适应农业农村良性健康发展的要求。农业绿色生产离不开科技手段，以信息化力量助力农业绿色生产活动。

1. 加快绿色生产方式转变

积极推动农业绿色生产方式的转变，加快农业数字化转型。试点推进云计算、物联网、大数据、人工智能等在农业生产经营管理中的应用。传统的农业生产效率低、能耗高，农业生产的主观性较强，缺乏科学的判断及决策依据。农业生产效率的提升需要依托信息化手段，创新农业生产技术模式，推动信息技术与种植业、畜牧业、渔业等深度融合应用。例如，依托物联网的感知能力，监测土壤湿度、温度，将相关数据发送至云数据中心，由农业生产专用系统推断出相关作物的最佳生产要素，配合开发种类齐全、系列配套、性能可靠的节水灌溉技术和产品，科学开展农业生产任务。信息化技术的应用极大地促进了农业绿色生产效率。

2. 推广绿色农业生产工具溯源

积极利用数字化农产品防伪溯源技术及"一物一码"的应用方式，实现农业生产工具的全流程监控。打造农产品追溯监管平台，推动化肥农药减量使用，规范农业生产经营企业活动，实现农药、兽药、化肥、饲料、种子、幼苗等农业投入品流向可跟踪、风险可预警、责任可追究，防止不合格的、假冒伪劣的农业生产工具进入流通领域，从根源上消除坑农、害农的现象，减少农民损失。同时，通过农业生产工作的监管，可监控相关生产工具的去向，科学配置相关生产工具，减少农药、化肥的滥用，推动农业生产绿色发展。

（二）乡村绿色生活

近年来，我国生态文明建设和美丽乡村建设加快推进，以绿色发展引领乡村振兴的成效不断显现，广大农村地区的生态环境有了很大改善，很多地方成为"网红打卡地"，成为人们心向往之的旅游休闲地。要让农村地区更加宜居，人与自然更加和谐，各地不仅要进一步加大环境治理力度，还需要尽快推动形成绿色生活方式，为乡村振兴发展汇聚更大的力量。乡村绿色生活要进行农村人居环境综合监测、农村饮用水水源水质监测等，通过云计算、物联网、人工智能、无人机、高清视频监控等信息技术手段，对乡村居民生活空间、生活用水等进行监测，为农村人居环境综合整治提供依据。

1. 农村人居环境综合监测

利用高清视频监控、物联网、人工智能、图像识别等信息技术手段，对农村地区的垃圾收运、污水治理、村容村貌维护等进行监测分析，为农村人居环境整治提供监管依据。

农村生活垃圾收运数字化监管是指利用物联网、人工智能等信息技术手段，对农村生活垃圾收集、运输、回收、处理等全过程进行监测分析，实时监测垃圾清运数量，提高处理收运效率。

农村生活污水治理监测是指利用物联网、卫星遥感数据、无人机、高清视频监控等技术，对农村生活污水处理设施运行情况进行实时监控和智能预警，开展过程管控、水质监控和设施运营状态评估。

村容村貌监测是指利用物联网、人工智能、无人机等信息技术手段，对农村地区房屋、道路、河道、特色景观等公共生活空间进行监测，为消除乱搭乱建、乱堆乱放、乱贴乱画等影响村庄环境的现象，保持乡村面貌整洁提供管理依据。

省级层面负责建设全省农村人居环境监管平台，建立预警数据定期分析研判制度，形成"问题线索在线受理、任务在线交办、履职在线监管"全流程监督的闭环管理工作机制；编制工作手册或技术导则，指导地方建设分平台及相应的工作机制。县级层面负责完成农村人居综合监管分平台建设任务，建设监控设施；对监测全流程进行数字化改造，开展在线监控与动态录入，汇集辖区内农村的实时监测信息，形成电子地图或报表。在县级分平台设置专门的举报板块及受理机制，引导农村居民通过 App、微信小程序等方式参与农村人居环境网络监督。

2. 农村饮用水水源水质监测

水是生命之源。饮水安全直接关系到人民群众的身体健康，我国一直非常重视饮用水安全，早在 2005 年，《政府工作报告》就把"让人民群众喝上干净的水"作为奋斗目标。十几年来，中央与各级地方政府对饮水安全保障加大资金支持和政策扶持力度，但是在生活污水与生活垃圾处置能力较弱的农村地区，饮水安全还存在水源保护薄弱、水源地污染严重、供水保证率不高、水质保障程度低等问题。

针对农村饮水安全问题，利用信息化的农村饮用水水源水质监测可以加大农村饮用水水源地的环境保护和评估工作力度，从源头上保证饮水安全，并提升管理效率。在农村地区的河流、水库、地下水、蓄水池（塘）等饮用水水源采样点设置数据采集点，对温度、色度、浊度、pH值、电导率、溶解氧、化学需氧量和生物需氧量进行综合在线自动监测。省级层面整体推进农村地区地表水环境、饮用水水源环境监测工作，合理安排信息化自动监测站点布设，制定监测标准和方案；编制工作手册或技术导则，指导地方开展监测。县级层面按照省级部门要求，建设和维护信息化自动监测站点，组织实施水样采集、数据报送和预警，并做好农村饮用水水源地供水管理。

（三）农村生态保护

在智慧绿色乡村发展的过程中，对农村生态环境的保护是不可或缺的一环。农村生态环境是农村发展和建设的基础，农村生态环境直接影响当地居民的生活质量，并对居民身体健康和身心健康有重要影响。一些地区由于不合理的自然资源开发和受到农业、工业污染，农村生态环境正在持续恶化。针对这一现状，党中央高度重视农村生态环境保护，依照我国所提出的新农村建设标准，大力开展农村环境治理与生态保护活动，促进乡村可持续发展。在这个过程中，原有的传统治理手段已然落后，信息化技术为农村生态环境的全方位治理提供了新思路和新方法。

当前，生态环境部正在开发建设的生态环境保护信息化工程项目——农业生态环境保护和农村生态环境监管，是保护乡村生态环境的重要一环，内容涵盖农村环境综合整治、种植业环境保护、畜禽养殖业环境保护、水产养殖业环境保护、国家有机食品基地建设、农村生活污水治理和农村黑臭水体治理等。目前，农村环境综合整治和农村生活污水治理相关板块已完成开发建设，实现了全国环保系统专网数据直联直报、动态统计分析与展示，大大提升了上级管理部门的监管效率。

农村生态保护信息化主要包括山水林田湖草沙系统监测、农业生态环境监测及农村生态系统脆弱区和敏感区监测等内容。使用物联网、人工智能、大数据、卫星遥感、高清视频监控等信息技术，对农业农村生态环境的现状、变化、趋势进行综合监测分析，推进农村生态系统科学保护修复和污染防治，持续改善农村生态环境，支持美丽乡村建设和乡村旅游发展，不断提高农民群众的幸福感和获得感。

1. 山水林田湖草沙系统监测

山水林田湖草沙系统监测是指基于统计调查技术、遥感技术和地理信息系统，对山川、湖泊、森林、草地、湿地、沙地等进行综合监测，汇集系统治理数据，为农村生态资源整体保护、系统修复和综合治理提供决策参考和数据支撑。"三北"防护林、天然林保护、退耕还林还草等工程都是山水林田湖草沙生态保护修复工程的重要实践。

山水林田湖草沙系统监测对于农村生态环境治理和保护具有重要的指导作用。一方面，系统监测可以促进自然资源集约开发利用；另一方面，系统监测有利于加强生态保护和修复标准体系建设，并不断提高生态环境监管水平。

当前，在对农村生态环境保护时，山水林田湖草沙系统治理中存在生态理念不足、治理主体单一、认识观念落后、治理成本高、见效慢、治主体间关联性强、单一修复效果差等问题。过去我国的经济发展处于高速发展阶段,对生态环境的保护和重视不够,因此在生态环境保护中虽然付出了大量的人力、物力、财力,却没有取得良好的效果,而且在治理过程中,由于治理主体山水林田湖草沙之间关联性强,针对某一主体单一修复的效果差,必须要根据整体规划,全面推进系统修复,才能确保治理取得良好成效。

建立山水林田湖草沙系统监测要做到以下3个方面。

一要加强宣传教育。当前村民对生态环境保护修复的必要性认识不够,对于保护修复的方法认知仍停留在初始阶段。村民是乡村建设的主体,提高村民保护生态环境的意识至关重要,因此必须加大生态保护政策的宣传。各级政府领导部门要高度重视生态环境保护,通过开展生态保护知识宣传、生态保护知识竞赛,观看生态保护纪录片、生态保护知识讲解视频等多种方式推进村民对生态保护知识的了解。

二要建立山水林田湖草沙综合监测平台,开展统一监测,对系统治理数据进行统筹分析。通过分析预测为系统治理提供参考依据,推进区域范围内山川、湖泊、森林、草地、沙地等生态系统观测站的信息化建设。招募当地村民参与生态修复与管护工作,设置水管员、护林员、管护员等岗位,调动公众参与积极性。引导环保公益组织积极开展生态环境保护活动,发挥示范带头作用。

三要设立专门的山水林田湖草沙修复资金,用于生态保护和修复,同时完善政策指引,在政策和资金方面给予鼓励支持。利用市场化方式,调动社会资本积极参与,制定自然资源产权激励政策,建立市场化多元的生态保护补偿机制,结合当地的生态、旅游、文化等资源优势,推动生态产业化、产业生态化发展。

2. 农业生态环境监测

农业生态环境是指直接或者间接影响农业生存和发展的土地资源、水资源、气候资源和生物资源等各种要素的总称，是农业生存和发展的前提，是人类社会生产发展重要的物质基础。

农业生态环境监测是在农业生产场景中，利用各种仪表仪器，将大量传感器节点构成监控网络对农业环境的指标进行监测的过程，实现对农田环境、养殖环境、农业废弃物处理利用等领域的智能化管理。农业生态环境监测技术将生物、化学和物理等融为一体，充分发挥了生物监测、卫星监测、物理监测等多项监测技术的优势，在我国农业生态环境保护中起到了至关重要的作用。

农业生态环境监测通过信息化技术实现了对农业生产中的数据进行信息化处理，对农业发展过程中出现的环境问题进行整体把控，对生态环境中的各项指标进行及时掌握。

农业生态环境与农业未来发展状况紧密相关，我国高度重视农业生态环境保护，在生态环境保护领域取得了一定的成绩，但仍然存在一些生态问题，例如，有些地方秸秆焚烧现象屡禁不止，农膜的大量使用造成了严重的白色污染，这些不仅造成了资源浪费，也破坏了农业生态环境。我们应高度重视农业生态环境保护，建立良性循环的生态体系，绝不能以牺牲生态效益为代价，来获取短暂的经济效益。

农业生态环境监测在农业生态环境保护的多个方面都有重点应用。水资源是农业生产发展的基础，水资源污染是非常严重的生态环境问题。利用环境监测技术可以对水资源进行实时监测，有利于生态环境保护。在农业发展的过程中，为了获取较高的经济效益，农民会使用大量的农药和化肥以提高农作物产量。环境监测技术可以监测使用的农药、化肥对水资源的影响，农作物吸收了多少农药和化肥，有多少农药残留在水资源中等。基于这些数据，专业人员可以制定出科学有效的施肥方案，从而在实现高产量的同时达到保护农业生态环境的目的。监测技术在水资源保护中的应用可降低水资源污染的概率，减少水体富营养化现象，实现对农业生态环境的保护。

农业生产过程离不开土壤资源，环境监测技术可以对土壤的成分、结构、受污染程度等因素进行精准监测和分析。农药、化肥的过度使用会导致不同地区的土壤受到不同程度的污染，使用环境监测技术，可以准确监测土壤中的农药残留量、被污染的程度等。目前，我国土壤盐碱化、荒漠化现象依旧存在，利用环境监测技术对土壤成分进行监测和分析，可以为保护农业生态环境提供技术支持。以农民使用农膜为例，由于农膜质量问题，每年有百万吨的农膜残留于土壤中，造成严重的土壤污染。环境监测技术可以检测出土壤中的农膜残留量，根据检测结果，相关人员可指导农民在农业生产中适量使用农膜，减少白色污染。

在以种植业为主的农业生产活动中，除草杀虫、灌溉是必不可少的过程。在繁杂的种植过程中，任何一个环节出现纰漏都有可能造成生态环境污染。应用环境监测技术可以对整个种植过程进行全方位、多角度的实时监测，检测除虫剂、除草剂的用量是否合理，判断人们的种植行为是否会对生态环境造成损害。环境监测技术可以指导人们使用正确、科学、合理的种植方法，并在不损害生态效益的前提下，使人们获得更高的经济效益。

应用环境监测技术可以解决农业发展中出现的生态环境问题,根据全面系统的监测数据实现科学分析,并能准确预判农业生态环境的未来发展趋势。为了进一步提升环境监测技术,有关部门不仅要加大科研资金投入,创新监测技术,还要加强质量监管工作力度,提高整体监测质量与效率,充分将环境检测技术的作用发挥出来。

3. 农村生态脆弱区和生态敏感区监测

生态脆弱区是两种不同类型的生态系统的交界过渡区域,具有生态系统抗干扰能力弱、对气候敏感等特点,区域内生态环境变化明显。生态敏感区是指对人类生产、生活活动具有特殊敏感性或具有潜在自然灾害影响,极易受到人为的不当开发活动的影响而产生生态负面效应的地区。目前,生态脆弱区和生态敏感区都已成为生态保护和绿色可持续发展的重点。生态脆弱区和生态敏感区的形成原因包括自然因素和人为因素。自然因素主要是水资源的空间分布不均,造成北方土地沙化、南方水蚀岩溶,导致严重的水土流失。人为因素主要是人类频繁的活动打破了湿地、森林等区域的生态平衡,导致生态系统退化,并引发水源涵养地遭到破坏、土地沙漠化、土壤侵蚀等问题,进而导致沙尘暴、泥石流等自然灾害频发。

生态脆弱区和生态敏感区监测是指利用卫星遥感、5G、无人机、高清视频监控技术等手段,基于多源融合数据,根据生态脆弱区和生态敏感区的评价指标,对农村地区生态脆弱区和生态敏感区进行识别、监测和预警。信息化发展给生态脆弱区和生态敏感区的监测带来了新的方式,监测方式不再局限于人力,物理监测、化学监测、卫星监测等多种监测技术的发展使生态脆弱区和生态敏感区的监测方式与时俱进。

通过对生态脆弱区和生态敏感区等生态系统抗干扰能力弱、易受人为因素干扰影响的区域，采用现代化的信息技术进行全方位的监测，提前发现、判断可能会对区域生态产生不良影响的因素及事件，利用高速发展的信息化手段，实现监测的高效化和可视化，极大地提高了治理效率，助力绿色发展，实现人与自然和谐相处，确保经济与生态环境保护协调发展。

建立生态脆弱区和生态敏感区监测体系应做到以下 4 个方面。

一是依托国家生态环境监测平台，建立农村地区生态脆弱区和生态敏感区观测体系。利用天基、地基、空基等观测手段，开展农村地区生态脆弱区和生态敏感区的识别和监测，叠加对生态系统具有重要影响的数据图层，提升识别和观测精度。

二是针对各地不同的生态环境，因地制宜采取不同的治理策略。北方林草农牧交错区的环境污染较为严重，应首先解决损害人体健康的环境问题，优先处理水体黑臭、"垃圾围城"等问题，加快污水和垃圾处理等环保设施建设，调整产业结构，从源头减少环境污染。西北混合交错区的生态状况较为复杂，应加快淘汰落后产业或对产业进行调整转型，减少污染物排放，加强水土流失治理，加大生态保护投资力度。南方红壤丘陵区的耕地面积较大，多为坡地，应当以生态循环农业来推动绿色发展，全面改造坡耕地，严格执行退耕还林、封山育林，并在林下增加植被覆盖，减少水土流失。西南石漠化区年降水量大，存在严重的水蚀岩溶现象，自然灾害频发，相关部门可以考虑修建水库来调节水资源，做好防洪防涝工作，降低自然灾害的发生频率及其带来的经济损失。

三是结合信息化监测手段，为环境治理提供数据监测和科学依据，利用现代感知手段和大数据技术，提高生态环境监管水平，并将数据纳入治理评价体系，敦促生态环境治理和修复有序进行。

四是完善相关法律法规体系，明确环境治理标准，完善奖惩机制，提升公民对生态脆弱区和生态敏感区的认知水平，激发其主体意识，营造全民参与的积极氛围，推进形成生态环境保护和修复新格局。

随着中国生态文明建设的推进，信息化监测技术在农村生态保护体系的建设中发挥了重要的作用，有效提升了农业农村的污染治理能力和监管水平，助推生态环境综合决策科学化、监管精准化、公共服务便民化，对于促进农业农村产业发展、打赢农业农村污染治理攻坚战、缩小城乡差距、实现乡村振兴具有重要意义。

未来，想要进一步发挥信息化监测在农村生态保护体系中的作用，就要从技术和监管两个方面出发。

一是对技术进行优化创新。信息化环境监测技术是当前农村生态环境保护工程中较为重要的组成部分，要想提高农村生态环境保护工作的质量，必须对环境监测技术进行优化、创新，使监测工作更加科学、合理。应加大资金投入力度，建立环境监测站，应用先进、科学的检测设备来对环境进行监控。建立环境监测管理体系，提高环境监测技术的整体质量与水平。相关部门可以根据当地实际情况建立突发性应急监测预案，加大应急监测设备投入力度，对生态环境进行动态化监管。要对当地企业进行深入调研，对存在污染问题的企业进行重点管理，对其周围环境进行动态化监管，充分应用信息化环境监测技术，为我国农村生态环境保护工作提供技术支撑。

二是加强质量监管工作力度。信息化环境监测技术能够提高我国农村生态环境质量，促进人与自然和谐发展。在进行环境监测时，要对其监测质量进行严格管控，提高整体监测质量与效率。相关部门可以根据不同环境监测使用方式及应用范围，制定相应的监管体系。检测人员应定期上交检测报告，保障环境检测技术的整体质量与效率，进行数据制作时，要明确制作流程及报告程序，从而有效提高环境监测技术应用质量，充分将信息化环境检测技术的作用发挥出来。应用信息化环境监测技术可以发现农业发展中出现的生态环境问题，根据系统的全面监测数据实现科学分析，准确预判农业生态环境的未来发展趋势。

附录
数字化新技术

1. 5G

5G 是第五代移动通信技术的简称，它是新一代通信技术的发展方向，是未来新一代信息基础设施的重要组成部分。

5G 可以提供比 4G 高 10 倍以上的数据传输速率，支持每小时 500 千米的移动速度的业务进行；支持热点区域的高速业务，即使在体育馆、密集住宅区、办公室等人流密集区域，也可以支持超高清视频、虚拟现实、增强现实、在线游戏等超高速业务；时延缩短到 1 毫秒的数量级，能够以接近 100% 的可靠性支持车联网和工业控制的特殊需要。更重要的是，5G 将人与人之间的通信扩展到人与物、物与物之间的信息交换，支持每平方千米 100 万个设备的连接，满足智慧城市、环境监测、智慧农业、森林防火等监测设备的信息传递需求。

在 5G 技术的支持下，移动通信不仅能满足人们日常通信的需求，还能为国民经济发展服务，满足农业、医疗、金融、交通、流通、制造、教育、生活服务、公共服务、教育和能源等垂直行业的信息化需求。

2. 物联网

物联网是在互联网的基础上延伸和扩展的网络。物联网通过各种信息传感设备，完成数据采集、处理和汇聚等感知功能，按照约定的协议和标准，把相关物品与互联网连接起来，进行信息交换和通信，以实现智能化识别、定位、跟踪、监控和管理。

物联网采用多种信息传感设备不断拓展应用领域。射频识别技术以电子编码的形式附着在物体表面，用来作为标识，可以让物体"开口说话"，人们通过阅读器就可以读取设备的信息，随时掌握物体的准确位置和周边环境。目前物联网多应用在零售、仓储及工业制造等领域。微传感器技术采用温度传感器、湿度传感器、压力传感器、位移传感器、光电传感器等形成传感网络，实现物品与人的信息交互。例如，智能家居的各种产品可以利用其对环境温度的感知，实现空调的智能操作；通过室内光线的感知智能调控灯的开关、亮度或颜色等；智能体重秤、智能手环等可以监测人体的脂肪量、血压等指标，为身体状态提出健康建议。物联网还拓展到交通领域，形成车联网，通过安装定位系统、车载终端等，获取车辆位置、行驶路线、周边环境等信息，并将信息及时传递给城市交通调度平台，有效地缓解交通压力。此外，物联网还可以通过感应装置和传感网络感知大气、土壤、森林、水资源等指标数据，在环境、农业等方面发挥巨大的作用。

3. 大数据

大数据具有数据量大、数据类型繁多、处理速度快和价值密度低4个特点。人类在最近两年产生的数据量相当于之前产生的全部数据量，10年间，全球的数据量增长了30倍，而且还在以每年50%的速度增长。这些数据的类型繁多，包括与人类信息密切相关的非结构化数据，例如，科学研究数据、企业应用数据、互联网相关数据等，也包括部分存储在数据库中的结构化数据。在大数据时代，数据的处理速度不断加快，从数据的生成到消耗，时间非常短，例如，1分钟内，新浪微博有2万条内容被发送，淘宝可以卖出6万件商品，手机可以下载4.7万次应用。大数据也存在价值密度低的特点，在 24 小时连续不间断监控的视频数据中，找到的有用的数据可能仅有一两秒。

大数据已经对社会产生了深远的影响。大数据决策已经成为一种新的决策方式，商品经营者会通过搜集大量的数据来分析市场，找到新的业务增长点；医疗设备公司会分析大量病人的临床医疗信息，研究更适合病人的治疗方案；亚马逊等在线购物平台会根据客户的搜索信息分析其购物习惯，做到商品的精准推送。目前，大数据应用正在促进信息技术与各个行业深度融合，推动新技术和新应用不断涌现。

4. 人工智能

人工智能是研究、开发用于模拟、延伸和扩展人的智能的理论、方法、技术及应用系统的一门新的技术科学。早期人们对人工智能的研究方向是让人工智能程序遵循逻辑学的基本规律进行运算、归纳或推演。2010 年后人们开始研究支持深度学习的神经网络。未来人工智能技术将制造出真正能推理和解决问题的智能机器。

近年来，人工智能在语音识别、图像处理等领域获得了重大进展，在人脸识别、机器翻译等任务中已经达到甚至超越了人类的能力。人工智能技术的发展得益于机器学习理论和技术的进步。机器学习通过不断学习训练，让机器能像人一样具有学习能力，帮助人类做一些重复性的工作。机器学习中的一种基于对数据进行表征学习的方法被称为深度学习。神经网络作为深度学习的重要分支，受到了生物神经细胞结构的启发，通过模拟人脑的神经网络以期能够实现类人工智能。

大规模神经网络的应用已经在人脸识别领域得到实现，例如，网上追逃、安防监控领域的监测应用、网上银行的无人值守等。此外，人工智能在机器视觉、客户服务、在线游戏等领域也有了大量的应用。

5. 云计算

云计算是一种通过互联网以服务的方式提供动态可伸缩的虚拟化资源的计算模式。

云计算将网络、服务器、存储、应用软件、服务等资源集中起来作为资源池。人们只要支付相应的费用，就可以按照需求随时随地使用相应的资源。根据服务模式，云计算可以提供基础设施服务（基础设施即服务）、软件开发与运行环境（平台即服务）、软件使用服务（软件即服务）。云计算根据部署模型分为公有云和私有云。公有云可以在整个开放的公有网络中提供服务，一般可以通过互联网使用；私有云是为用户单独使用而构建的，因此，在数据安全性及服务质量上，用户可以自己有效地管控，私有云可以部署在企业数据中心的防火墙内。

通过虚拟化技术、分布式存储、高速网络等技术的支持，云计算将服务器硬件资源的利用率尽可能提高，通过快速计算处理大量的数据，支持不同用户之间的安全隔离，满足用户的不同需求。目前国内外的云计算服务商有阿里云、腾讯云、华为云、亚马逊云等，它们为企业提供包括弹性计算、存储、数据库、应用程序在内的一整套云计算服务，帮助企业降低IT投入成本和维护成本。

参考文献

[1] 方付建,苏祖勤.基于整体性治理的农村公共服务信息化研究——以巴东县为例[J].情报杂志,2017,36(4):130-135.

[2] 付伟.全面提升为农服务能力 在助力乡村振兴中展现供销合作社担当[N/OL].中华合作时报.2020-5-12[2022-11-10].

[3] 孙启祥.农村饮水安全助力脱贫攻坚成效和经验[J].山西水土保持科技.2020(4):24-25.

[4] 麻旭东,李宏伟.农业现代化中的气象服务研究[J].种子科技,2017,35(1):12+15.

[5] 简咏梅,王春燕,陶笑笑.浅析智慧气象在农业服务中的应用[J].新疆农业科技,2016(5):16-19.

[6] 陈晓辉.浅谈城乡统筹发展视角下的"智慧乡村"建设[J].农村经济与科技,2021,32(6):257-258.

[7] 张和阔.智慧交通的体系架构与发展思考[J].黑龙江交通科技,2021,44(9):227-228.

[8] 潘威,孙佳林,何明强,等.乡村旅游公共服务智慧化提升研究[J].旅游纵览,2021(15):44-47.

[9] 杨宇航.农村物流发展的问题及策略研究[J].南方农机,2020,51(7):86.

[10] 笪静，裴圆鑫.乡村振兴下宜昌市农产品电商物流发展策略研究[J].湖北农业科学，2021，60（12）：153-158.

[11] 徐丽艳，郑艳霞.农村电子商务助力乡村振兴的路径分析[J].中国社会科学院研究生院学报，2021（2）：109-120.

[12] 曾德彬，卢海霞.农村电子商务提高农民收入和消费的原理研究——基于科斯的"交易成本"视角[J].商业经济研究，2020（13）：138-141.

[13] 张正荣，杨金东.乡村振兴视角下农村电商如何优化"工业品下行"路径——基于"双链"耦合机制的扎根研究[J].农业经济问题,2019（4）：118-129.

[14] 韩鹏辉.电子商务的勃兴与中国农村社区嵌入型创业研究[J].农业经济，2019（3）：134-136.

[15] 路标.农村电子商务推动乡村振兴的动力机制与发展路径研究[J].农业经济，2019（12）：129-130.

[16] 张兴敏，吴亮，罗正敏，等.供给侧结构性改革背景下农村电商促进农业产业结构优化路径研究[J].铜仁学院学报，2019（5）：118-127.

[17] 潘劲平，王艺璇.技术的社会嵌入：农产品淘宝村形成机制研究——基于W村的实证分析[J].西南大学学报（社会科学版），2020,46(1)：61-68.

[18] 宋丽霞.打造农村电商产业集群的现实路径[J].人民论坛 2019(28)：62-63.

[19] 王晨，刘男.互联网+教育：移动互联网时代的教育大变革[M].北京：中国经济出版社，2015.

[20] 易凌云.互联网教育与教育改革[M].福建：福建教育出版社，2018.

[21] 南珊妹.农村地区主流意识形态传播的逻辑进路探析[J].新闻研究

导刊，2021，12（17）：128-129.

[22] 郭好进.5G时代背景下县级融媒体中心建设及发展探究[J].新闻前哨，2021（10）：42-43.

[23] 顾敏霞，邬金刚.江苏县级融媒体中心的"新闻+政务服务商务"实践与探索[J].视听界，2021（5）：30-35.

[24] 施辉煌.浅析县级融媒体中心的三大功能[J].东南传播，2021（8）：56-57.

[25] 彭斯.浅析5G时代县级融媒体中心建设架构设计[J].广播电视信息，2021，28（7）：26-28.

[26] 魏宇君."互联网+"视域下地方特色文化数字化建设探究[J].信息记录材料，2020，21（11）：49-50.

[27] 梁岚.关于文化馆数字化建设的思考[J].百花，2021（1）：105-107.

[28] 曹三省，胡倩倩.5G与媒体融合背景下短视频的发展态势分析[J].传媒，2020（11）：19-22.

[29] 赵慧峰.改善人居环境、建设美丽宜居乡村是乡村振兴的关键——评《河北省实施乡村振兴战略推进美丽宜居乡村建设研究》[J].农业经济问题，2018（5）：143-144.

[30] 安南.获得安全饮水是人类的基本需求——联合国秘书长安南"世界水日致辞"[J].中国水利，2001（4）：8.

[31] 张汉松."十三五"时期农村饮水安全巩固提升现状、问题与对策[J].水利发展研究，2017，17（11）：57-60+81.

[32] 黄拥军.农村饮水安全巩固提升工程"十三五"规划研究——以丹江口市为例[J].人民长江，2016，47（S1）：71-74.

[33] 刘来胜，刘玲花，周怀东，等. 我国农村饮水安全巩固提升新阶段发展方向探讨[J]. 中国水利，2016（11）：19-22.

[34] 侯新. 农村集中式饮用水水源地水资源保护规划——以重庆市铜梁县为例[J]. 节水灌溉，2012（1）：48-50.

[35] 侯新，王凯，孟晓宁. 重庆市农村集中式饮用水水源地保护规划实践与研究[J]. 安徽农业科学 2011，39（27）：16736-16738.

[36] 王俊涛. 农村环境治理和生态保护[J]. 中国标准化，2017（24）：251-252.

[37] 董玮，秦国伟. 以系统思维推进山水林田湖草沙综合治理[N/OL]. 学习时报，2021-01-06［2022-11-10］.

[38] 崔晓萍. 环境监测技术在农业生态环境保护中的应用[J]. 黑龙江环境通报，2020，33（1）：42-43.

[39] 郭晓雨. 农业生态环境监测技术方法[J]. 南方农业，2021，15（8）：188-189.

[40] 沈尧，王甲智，疏仁宗. 环境监测技术在生态环境保护中的应用研究[J]. 资源节约与环保，2019（4）：57.

[41] 杨振山，张富荣，王洪. 中国生态脆弱区的差异及绿色发展途径分析[J]. 生态环境学报 2020，29（6）：1071-1077.

[42] 牛莉芹，程占红. 五台山森林群落中物种多样性对旅游干扰的生态响应[J]. 水土保持研究，2012，19（4）：106-111.

[43] 袁再健，马东方，聂小东，等. 南方红壤丘陵区林下水土流失防治研究进展[J]. 土壤学报，2020，57（1）：12-21.

[44] 邱丽丽，朱永君，王杰. 云南省区域绿色发展水平评价[J]. 绿色科技，2018（20）：218-224.